Achtung
der Countdown läuft bereits 1

Erfahren wir bald die Wahrheit?

D1720391

Text: Alessandro de Poloni
Lektorat: Christine Bier M.A., Nußloch
Covergestaltung: Contact UG (haftungsbeschränkt)
Coverumsetzung: Verlagshaus Schlosser
Coverabbildung: Otlinghaus Fotodesign (Wolfram Otlinghaus)
Umschlagfoto des Autors: Cosima Kast
Satz und Layout: Verlagshaus Schlosser
ISBN 978-3-96200-224-4
Druck: Verlagsgruppe Verlagshaus Schlosser
D-85551 Kirchheim • www.schlosser-verlagshaus.de

Alessandro de Poloni

Achtung
der Countdown läuft bereits 1

Erfahren wir bald die Wahrheit?

Roman

Verlagshaus Schlosser

Das tiefste und erhabenste Gefühl, dessen wir Menschen fähig sind, ist das Erlebnis des Mystischen. Aus ihm allein keimt wahre Wissenschaft. Wem dieses Gefühl fremd ist, wer sich nicht mehr wundern und in Ehrfurcht verlieren kann, ist bereits seelisch tot, denn das Wissen darum, dass das Unerklärliche tatsächlich existiert, ist jene strahlende Schönheit, von der wir lediglich eine dumpfe Ahnung haben.

Alessandro de Poloni

Worte zum Inhalt

Die tiefe und gefühlsmäßige Überzeugung von der Existenz einer höheren Denkkraft, die sich im unerforschlichen Weltall manifestiert, war über all die Jahre meine Triebfeder. Denn die Tatsache, dass unser logisch denkender Verstand nur das begreift was er auch mit dem physischen verbinden kann, wollte ich nicht als Hinderungsgrund geltend machen, ständig weiter und tiefer nach der Wahrheit zu graben. Dass die Wahrheit jedoch irgendwann auch seinen Preis fordert, ahnte ich vor 18 Jahren noch nicht.

Damals waren Bausteine wie Esoterik, Wissenschaft, Politik und Militär für mich streng getrennte Interessengruppen. Über die Jahre hinweg jedoch musste ich schmerzlich lernen, dass alle diese Bereiche eng miteinander verwoben sind, denn nichts ist so wie es scheint.

Für viele Menschen auf diesem Globus ist die Welt in Ordnung. Alles hat seinen Platz und für alles wird eine Antwort präsentiert. Regierung, Kirche, Schule und Universität – alle diese wichtigen Pfeiler in unserer Gesellschaft vermitteln dem Menschen Sicherheit. Sie umhüllen ihn wie einen Mantel, in dem er sich geborgen fühlt.

Was aber würden Sie sagen, wenn ich behaupte: Nichts ist so wie es scheint!

Wenn ich Ihnen berichten würde, dass keine uns bekannte Regierung (gleich welcher Nation) die Geschicke auf Erden lenkt, sondern eine Macht, welche uns spirituell, wissenschaftlich, medizinisch und geistig um mindestens 70 Jahre voraus ist.

Würden Sie mir Glauben schenken, wenn ich Ihnen sage, dass insgesamt die neue, superschnelle Technik, auf die wir

11

so stolz sind, für diese Macht lediglich veraltetes Material ist, welches sie uns zur Verfügung stellt?

Glauben Sie wirklich, dass wir in der Bundesrepublik Deutschland eine Meinungsfreiheit haben? Oder können Sie sich vorstellen, dass so genannte *Unbelehrbare* quasi ausgelöscht werden? (Identität wird komplett gelöscht).

Ich habe dieses Buch hinsichtlich des Eigenschutzes in Form eines Romans geschrieben. Somit bleibt es Ihnen als Leser selbst überlassen, sich ein Urteil darüber zu bilden, ob das Geschriebene tatsächlich Fiktion ist oder grausame, nackte Wahrheit vermittelt.
Die Universalgeschichte lehrt uns, dass alles, was nicht in unser Weltbild passt oder eine Gefahr für unsere heile Welt darstellt, schlichtweg abgelehnt oder verächtlich gemacht wird.

Dennoch sollten wir langsam aufwachen, damit wir wenigstens erkennen, was auf unserem blauen Planeten wirklich so abgeht.

Sind wir doch mal ehrlich

Es kann auf Erden keinen Frieden geben, ehe wir nicht die Forderung unserer Zeit erfüllen, und den großen ewigen Fluch unserer Rasse beenden und jedem Arbeiter den vollen Verdienst seiner Arbeit verschaffen.

Abraham Lincoln 16. Präsident der USA

Starke und sicherlich auch ehrlich gemeinte Worte. Aber was ist aus allen diesen Vorsätzen geworden? Haben wir den gesuchten Frieden gefunden? Ich bin der Meinung, nein. Vielmehr hat ein übersteigerter Individualismus Volks- und Staatsbewusstsein weitgehend verdrängt und Anspruchsdenken an die Stelle des Gemeinsinns gesetzt. Nation, Sittlichkeit, Geschichte und Kultur haben in diesem universellen Raster der heutigen Gesellschaft keinen Platz mehr. So werden uns bestimmte Fragen an die Wirklichkeit und damit die Bedeutung des gesamten Geschehens aberzogen. Die betroffenen Menschen können die Wahrheit nicht mehr erkennen, sondern leben in einer häufig sinnlosen und geistigen Scheinwelt, die ihnen von den Medien, Schulen und Universitäten vorgegaukelt wird. Natürlich sind sie in diesem Zustand gut manipulierbar.

Diese Art der Umerziehung der Menschen, ja ganzer Völker, werden systematisch von Sozialwissenschaftlern betrieben, die in Regierung und Militär als Berater herangezogen werden. Die entsprechenden Stellen, Stäbe, Ausbildungsstätten und Forschungsinstitute wurden extra dafür eingerichtet. Natürlich mit dem Hintergrund, dass die Sozialwissenschaftler die nötigen Erkenntnisse für die „Umerziehung" bereithalten, um dann damit Menschen, Völker, Kulturen, Staaten, ja selbst ganze Nationen nach ihrem Plan zu ändern und nach dem Muster der „neuen Weltordnung" demokratisieren zu können.

Die Pläne dazu wurden vor allem in den USA schon während des 2. Weltkrieges ausgearbeitet. Amerika trägt diese systematische Umerziehung in alle Teile der Welt, wo es eine Besatzung, Stützpunkte oder kulturelle Vertretungen unterhält. Das Ergebnis dieser schleichenden, aber dennoch unglaublich effektiven Umerziehung der Kulturen (Multikulti) dient ausschließlich der Vorbereitung eines „Weltdiktaturstaates".

Unbemerkt hat in den letzten 40 Jahren ein neues Weltbild Einzug gehalten. Dieses Weltbild ist ganz auf die Gesellschaft fixiert und betrachtet die Wirklichkeit nur aus einem ganz bestimmten engen Blickwinkel heraus. Bewusstseinsverengung, Verdrängung der Wirklichkeit und Desinteresse an politischen Entscheidungen sind die Folgen eines solchen Weltbildes.

Weiterhin führt diese Umerziehung zu einer nie gekannten Entleerung des Daseins ohne Werte und Glauben. Das Zugehörigkeitsgefühl zu seiner entsprechenden Nation und somit auch zu seinen Wurzeln wird dem Menschen durch dieses Weltbild scheibchenweise aberzogen. Denn das vornehmliche Ziel dieser Umerziehung ist jegliches Gemeinschaftsgefühl zu zerstören und die Menschen zu reinen Individualisten zu erziehen, um somit die Massen zu spalten und gleichzeitig auch zu beherrschen. Dabei sind die meisten Menschen sich gar nicht bewusst, in welchem Maße sie manipuliert werden und wie stark dadurch ihre persönliche Freiheit belastet und eingeschränkt wird. „Klar!" wird nun der Eine oder Andere von Ihnen jetzt sagen, „alle haben geschlafen, nur du hast was gemerkt." Darauf kann ich nur antworten: Nein, denn ich bin mir sicher, dass fast alle unsere Historiker und Geschichtsprofessoren die vielen Fehler und Täuschungen sehr wohl erkannt haben. Aber glauben sie mir, diese ehrliche

Antwort geben diese ihnen erst, wenn man verspricht, ihren Namen nicht zu erwähnen. Denn keiner dieser Personen hat Lust darauf, öffentlich durch die oft „scheinheiligen" Medien fertig gemacht zu werden.

Für mich entsteht daher der Eindruck, dass wir Deutsche vor allem Schwierigkeiten haben, an gewisse Wirklichkeiten heranzugehen. Man wagt nicht so recht, die geschichtlichen Thesen nach wissenschaftlichen Kriterien zu hinterfragen. Denn wer sich ohne Vorbehalte an gewisse Dinge wagt, läuft Gefahr, als Revisionist abgestempelt zu werden, da die Medien in den letzten Jahrzehnten ein regelrechtes Abschreckungspotenzial aufgebaut haben, sodass kaum jemand in Amt und Würden es wagt, gegen die Interessen der so genannten „Elite" zu agieren.
Nein, in diesen Kreisen wird vielmehr auf Nummer sicher gegangen, getreu dem Motto: Erst Witterung aufnehmen, dann sichernd über die Schulter schauen und erst dann reden, wenn zweifelsfrei feststeht, dass das Gesagte auch mehrheitsfähig und unter sozialhygienischen Gesichtspunkten unbedenklich ist. Das klingt bitter, wenn man bedenkt, mit welchen Zielen und Visionen unsere Eltern und Großeltern unter Adenauer Deutschland wieder aufgebaut haben.

Meiner Meinung nach raubt sich unsere Wissenschaft durch diese Selbstzensur ihre eigene akademische Freiheit. Denn diese fehlende Auseinandersetzung mit unserer Weltgeschichte und ihren universellen Prinzipien ist ein Grund, warum die Menschen, und besonders die Jugend, nicht den Weg des unendlichen Entwicklungsprozesses und somit auch nicht mehr am letzten Glied der Entwicklungskette anknüpfen, sondern geschichtlich und kulturell entwurzelt im Leben herumirren. Sie setzen sich nicht mehr mit den Fragen ihrer Wurzeln auseinander, ihnen fehlt die Motivation, mit Forscherdrang und Hunger nach Erkenntnissen ihr Studium anzugehen. Stattdessen suchen sie ihre Identität darin, was ihnen der heutige Zeitgeist vorgibt, der sie dazu bewegen möchte, sich an eine mit entsprechenden Verdienstmöglichkeiten orientierten Studienwahl zu klammern oder mit dem Ausleben ihrer Bedürfnisse und dem Nachahmen von Popidolen. Was für ein Schreckensbild, wenn wir davon ausgehen, dass genau diese Jugend die Zukunft von morgen darstellt. Willenlose, desinteressierte, egoistische Träumer, die gar nicht mehr registrieren, dass sie funktionieren, weil sie zu 100 Prozent umerzogen sind. Und genau dann wird die „Elite" ihre wirklichen Pläne offen auf den Tisch legen und selbstbewusst über „ihre" Welt stolzieren. Vorne voran die USA, denn dort wird nichts dem Zufall überlassen. Oder glauben Sie wirklich, ein Barack Obama konnte die Präsidentschaftswahl nur wegen seinem smarten Lächeln gewinnen? Oder weil die „Elite" der Ansicht war, dass es nur gerecht wäre, wenn auch mal ein Farbiger Präsident wird? Nein, ganz sicher nicht. Barack Obama hat den Sprung vom farblosen, unsichtbaren Senator aus Illinois zum mächtigsten Mann der Welt nur geschafft, weil er ein Teamplayer war und sich haargenau an die Spielregeln der „Elite" hielt. Getreu dem Motto: „Höre nur, was du hören darfst, sehe nur, was du sehen darfst und sage nur, was du sagen darfst."

Die gesamte Präsidentschaftswahl war eine bis ins kleinste Detail geplante Inszenierung für die Welt und die Bürger der USA. Nicht einer der Kandidaten erschien zufällig auf dem Spielfeld oder hatte sich vor den Wahlen in irgendeiner Form besonders hervorgehoben. Nein, jeder Spieler wurde gezielt ausgesucht und je nach Verwendungszweck gefördert und unterstützt.

John McCain zum Beispiel verkörperte das starke, nicht besiegbare Amerika. Als hoch dekorierter Kriegsveteran musste an diesem Mann nicht mehr viel korrigiert werden. Hillary Clinton hingegen verkörperte das intellektuelle

Amerika. Da sie sowieso zur Elite zählt und dem Clinton-Clan zugehörig ist, kannte sie sich auf diesem Parkett bestens aus. Ja, und dann war da noch ein Barack Obama. Ein afroamerikanischer Senator aus Illinois der bisher in seiner politischen Laufbahn nichts Hervorstechendes geleistet hat, aber damals der ideale Präsidentschaftskandidat war. Smart, gut aussehend, rhetorisch gewandt und was das wichtigste war: Hungrig nach Macht und der „Elite" gegenüber bedingungslos loyal. Seine Hautfarbe war letztlich ein zusätzliches Sahnehäubchen. Barack Obama sollte den uralten amerikanischen Traum verkörpern, den Traum der unbegrenzten Möglichkeiten. Quasi vom Tellerwäscher zum Millionär oder vom unscheinbaren Senator zum ersten farbigen Präsidenten der USA. Er war der Mann, der den miesen Ruf der USA wieder sauber waschen konnte. Der Mann, welcher der Welt wieder sagen konnte, wo es lang geht. Der, der sagen konnte: „Schaut her, Amerika ist ein freies und gerechtes Land, wo selbst ein Farbiger Präsident werden kann."

Und? Hat doch alles geklappt. Die Welt schaute wieder staunend und ehrfürchtig auf Amerika. Da wurden kaum noch Stimmen laut, die von angezettelten Kriegen, Menschenrechtsverletzungen, Kriegsverbrechen und Börsenmanipulationen reden. Nein, überall ertönte der Barack–Obama-Schlachtruf: „Yes we can!". (Übrigens ein Slogan aus der Schmiede von David Axelrod).
Ja, die Rechnung der „Elite" ist voll aufgegangen. Barack Obama war der politische Messias, dem nun alle folgten. Im Prinzip ist alles beim Alten geblieben. Nur die Aushängeschilder haben ein anderes Gesicht bekommen. Hat man zu Babyface Bush noch gesagt: „Auf, Georgy Boy, marschier los und zeig der Welt mal, dass man mit uns nicht spaßen kann." So hatte man Barack Obama eine ganz andere Marschrute ins Gepäck gelegt: „Denk daran, immer schön die Hände in

*Unschuld waschen. Du bist der smarte Saubermann, der Er-
löser. Und jetzt geh und vermassele es nicht."*
So, und nun frage ich Sie: Wer hatte denn wirklich die Macht
in Händen? Eines ist sicher, Barack Obama war es nicht. Er
war lediglich ein treuer Diener der „Weltelite".

Leider interessiert das die meisten recht wenig, denn die
Mehrheit der Bevölkerung stellt sich diesen Tatsachen gegenüber blind. Entweder, weil das alles nicht in ihre schöne
heile Welt passt (denn das würde ja bedeuten, sie müsste
sich um die Belange anderer oder gar um die Weltprobleme
kümmern und das, obwohl sie doch selbst so viele Probleme
hat) oder aber weil sie, nachdem man ihnen einen Blick über
die Ränder ihres Goldfischglases hinaus ermöglicht hat, entsetzt und verängstigt zurückschreckt und nichts mehr von einer Weltwirtschaftskrise oder einem Logennetzwerk wissen
will. Argumentiert wird dann mit den Worten: *Da kann man
sowieso nichts machen!* oder *Das regelt sich irgendwie von
alleine!* oder noch schlimmer: *So schlimm ist es doch nun
wirklich nicht und uns geht es doch immer noch gut.*

Die Universalgeschichte jedoch zeigt uns, dass ein solcher
Zustand der Gesellschaft zu ihrem eigenen Untergang führt.
Und daher ist es wichtiger denn je, die Menschheit auf den
Wert des „Selbstdenkens" aufmerksam zu machen, um
ihnen wieder Zutrauen zu ihren eigenen Kräften einzuflö-
ßen. Egal wie verschieden die Bestimmungen jedes einzelnen von uns sind, die in der bürgerlichen Gesellschaft auf
uns wartet. Etwas dazu steuern können wir alle, wir müssen
es nur wollen und nicht einfach nur geschehen lassen.

Nicht selten werde ich gefragt: „Wer sind denn nun die
Mächtigen? Und wer ist die ‚Elite'?" Um diese Frage richtig
zu beantworten, muss ich in der Geschichte ein wenig zurückgehen, denn entgegen der landläufigen Meinung, die

„Elite" sind natürlich die momentanen Superreichen, die den Hals nicht voll bekommen, ist meiner Meinung nach in Wahrheit die „Elite" eine von langer Hand vorbereitete, bis in die Haarspitzen disziplinierte und mit enormen Wissen ausgestattete Gruppe, die problemlos bis in die dritte Generation planen kann.

Diese Gruppe ist davon überzeugt, dass unter natürlichen Bedingungen alle Lebensformen dazu neigen, sich mit großer Geschwindigkeit zu vermehren und dass bereits wenige Generationen später die Welt buchstäblich überfüllt ist. Da es jedoch nur eine begrenzte Kapazität der Welt gibt, wird es für jedes Individuum immer schwieriger, Nahrungsmittel zu finden. Also müssen einige sterben, und das, was als das Gesetz der natürlichen Selektion bekannt ist, besagt, dass derjenige sterben wird, der am schwächsten ist, denn nur der Stärkste wird überleben.

Weiterhin glaubt diese Gruppe zu wissen, dass jede Rasse dazu neigt, sich zurückzuentwickeln (hierzu später mehr in den folgenden Kapiteln). Daher müssen „minderwertige" Elemente ausgelöscht werden, damit ein „höherer" Durchschnitt aufrechterhalten werden kann.

Meinen Informationen nach begann dieser Wahnsinn kurz vor dem ersten Weltkrieg, als die Gebrüder Dulles von ihrem Onkel, dem Außenminister der USA, Robert Lansing, in dessen Ministerium geholt wurden. Lansing hatte exzellente Kontakte zu Bankern und Politikern und war mit Persönlichkeiten wie William Howard Taft, Andrew Carnegie und Bernard Baruch befreundet. Er benutze seine Macht dazu, Präsident Woodrow Wilson zu bewegen, ein Bündnis mit England gegen Deutschland einzugehen.

Die Ermordung des österreichischen Thronfolgers, Erzherzog Franz Ferdinand, war dann der benötigte Funke, der das internationale Großfeuer, den ersten Weltkrieg, entfachte.

Jetzt konnten die ersten Vorbereitungen in die Tat umgesetzt werden. Denn der Banker Bernard Baruch wurde als

Vorsitzender des Kriegsindustrieausschusses eingesetzt und kontrollierte so die amerikanische Wirtschaft. Banker Eugene Meyer saß der Kriegsfinanzierungsgesellschaft vor und Banker Paul Wartburg steuerte die Federal Reserve (amerikanische Bundesbank). Interessant dabei ist, alle drei Herren waren Agenten des Rothschild´schen Bankenimperiums.

Am Ende dieses Krieges (er forderte 13 Millionen Menschenleben) reisten dann die beiden Dulles-Brüder nach Europa, um an der Pariser Friedenskonferenz teilzunehmen. Dort knüpften sie Kontakt mit der Round-Table-Gruppe und dem südafrikanischen Diamantenmagnaten und Freimaurers Cecil Rhodes.

Der Round Table vertrat (und vertritt sie auch heute noch) die Interessen der britischen Aristokratie und der Banker, die insgeheim für die Rothschilds arbeiteten. Darunter finden wir Namen wie die Wartburgs, die Schröders und die Lazars. Ziel dieser Organisation ist die Schaffung einer neuen Weltordnung.

Bald nachdem die Dulles-Brüder in den Round-Table-Kreis aufgenommen waren, erhielten sie Führungspositionen im amerikanischen Zweig der Gruppe und dem Council on Foreign Relations. Engste Verbündete waren nun David Rockefeller, Averell Harriman (dessen Familie die Zentrale Erfassungsstelle für Rassenhygiene und die Forschungsgesellschaft für Rassenhygiene ins Leben rief und die Sterilisation von 50 Millionen Amerikanern verlangte, mit dem Ziel, den „perfekten Menschen" zu erschaffen), die Astors, die Rotschild-Bankers Bernhard Baruch, Paul Wartburg und weitere Persönlichkeiten aus der internationalen Dollararistokratie.

Um die Hintergründe besser verstehen zu können, sollte man sich folgendes vor Augen halten:

Jeder Krieg, der in Europa geführt wurde, endete mit einem Gleichgewicht der Macht. Mit jeder neuen Ordnung entstand auch gleichzeitig neu geordnetes Machtgleichgewicht um das Haus Rothschild in England, Frankreich und Österreich. Die Nationen wurden so gruppiert, dass beim Ausscheren eines Monarchen aus dieser Ordnung ein Krieg ausbrechen musste, dessen Ausgang davon abhing, welche Nation finanziell unterstützt wurde. Zirka um 1925 hatte der Round Table seine Organisation schon auf zwanzig Länder ausgedehnt.

Bereits 1920 setzte sich der unaufhaltsame Aufstieg von Allen Dulles fort. Er wurde zum ersten Sekretär der US-Botschaft in Berlin ernannt. Gleichzeitig vertrat Jon Foster Dulles über die Bank von England und die Unternehmen von J.P. Morgan die internationalen Banken in Deutschland. Das hatte zur Folge, dass John Foster Dulles Vorschlag, Deutschland einen Kredit in Höhe von fünf Milliarden Reichsmark zu vermitteln, ohne Probleme auch in die Tat umsetzen konnte. Dadurch war ca. 1929 der Aufbau in Deutschland so weit fortgeschritten, dass die deutsche Industrie, nach den USA, die zweitstärkste der Welt darstellte.

Wohin uns das letztlich geführt hatte, wissen wir alle aus dem Geschichtsunterricht. Was wir jedoch nicht im Geschichtsunterricht gelehrt bekommen, ist die Tatsache, dass der zweite Weltkrieg die Geschichte vom Tod von Millionen patriotischen, parolenschreienden Leibeignen und von Milliardenbeträgen schreibt, die in die Brieftaschen der internationalen Banken und deren Helfershelfer, den Politikern und Rüstungsproduzenten flossen.

Wieder einmal wurde das Gleichgewicht der Macht neu geordnet und wieder einmal waren die gleichen Familien und Organisationen die eigentlichen Sieger. Männer wie Ronald Reagan und sein Amtsnachfolger, Georg Bush, Sprösslinge internationaler Bankiersfamilien, und Mitglieder der Gruppe Skull and Bones wurden schon lange vor ihrer Wahl zum Präsidenten auf ihre Aufgabe vorbereitet. Ebenso Henry Kissinger (lange Zeit Vorsitzender des internationalen Aufsichtsrats der Chase Manhattan Bank) oder auch Jimmy Carter, Gründer und Leiter der Organisation FEMA, eine der am strengsten abgeschirmten Organisation in Fort Meade Maryland, welche Millionen persönliche Daten von Amerikanern (neuerdings weltweit) elektronisch speichert. Innerhalb der Spitze finden wir auch Namen wie Clinton, Kennedy, Schröder und Kissinger.

Man schätzt, dass es sich bei der „Elite" ungefähr um 500 Personen handelt (Spitze der Pyramide) und diese bestimmen, wo und wie es lang geht. Das funktioniert mittels eines Geflechts von Stiftungen, Informationsindustrie (Massenmedien), Bildungswesen Kirche, Sekten und diversen Organisationen (z. B. die Bilderberger). Ihnen gehören Privatuniversitäten, große Teile des Gesundheitswesens (wer mit Krankheit Geld macht, ist an Gesundheit nicht interessiert), die wichtigsten Zeitungs-, Fernseh- und Filmkonzerne.
Sie verfügen über Privatarmeen, wissenschaftliche Berater, Kunst und Kulturstrategen. Selbst Politiker werden ohne große Umstände eingekauft, ja sogar ganze Behörden.

In diesem Zusammenhang ist die Aussage des früheren Herausgebers der New York Times, John Swainton, doch sehr bemerkenswert:

„Eine freie Presse gibt es nicht. Sie, liebe Freunde, wissen das und ich weiß es gleichfalls. Nicht ein einziger unter Ihnen würde es wagen, seine Meinung ehrlich und offen zu sagen. Das Gewerbe eines Publizisten ist es vielmehr, die Wahrheit zu zerstören, geradezu zu lügen, zu verdrehen, zu verleumden, zu Füßen des Mammons zu kuschen und sich selbst und sein Land und seine Nation um des täglichen Brotes willen wieder und wieder zu verkaufen. Wir sind Werkzeuge und Hörige der Finanzgewaltigen hinter den Kulis-

sen. Wir sind Marionetten, die hüpfen und tanzen, wenn diese am Draht ziehen. Unser Können, unsere Fähigkeiten und selbst unser Leben gehören diesen Männern. Wir sind nichts als intellektuelle Prostituierte".

Treffend!, kann ich da nur bemerken. Das Traurige daran ist, dass der überwiegende Teil der Bevölkerung alles das, was von den Medien berichtet wird, als bare Münze wertet. Schlimmer noch, unsere Jugend wächst mit diesen Lügen und dem ständigen Konkurrenzdenken auf. Sie bemerkt dabei nicht einmal, dass ihre ganz persönliche Intentionalität bei all' dem Wettkampf, der Aggression und der Glorifizierung des Gewinnens auf der Strecke bleibt.

Übrig bleibt eine Generation ohne Herausforderungen und Ideale, die sich nur noch in Aktionen wie die Bluttat von Winnenden bemerkbar machen kann.

Diese Tat hat die ganze Nation fassungslos gemacht. Anders als Jahre zuvor in Erfurt, wo man als Antwort auf die Herausforderung das Waffengesetz verschärfte, sah man jetzt schnell ein, dass auf einer ganz anderen Ebene etwas zur künftigen Vermeidung solcher Katastrophen getan werden müsse, denn bei einem sonst kaum aufgefallenen jungen Menschen, der in Familie, Schule und Verein gelebt hatte, brannten plötzlich alle Sicherungen durch und er riss 15 Menschen mit in den Tod.

Meiner Meinung nach hat diese Wahnsinnstat, zumal es nicht die erste ihrer Art war, ihre Gründe in den gegenwärtigen Verhältnissen in unserer Gesellschaft.

Schauen Sie, selbst in den schrecklichsten Kriegs- und Nachkriegszeiten hatte es in Deutschland eine derartige Gewaltkriminalität wie heute nicht gegeben. Entgegen alliierten Voraussagen und Befürchtungen gab es in der Not nach 1945 keine Verrohung der Jugend, keine Bandenbildung und kaum Gewaltanwendung. Die Familie war intakt geblieben und bildete eine feste Zufluchtsstätte. Die junge Generation

23

hatte Ideale gehabt und Begeisterung für eine Idee gekannt. Als diese teilweise zusammenbrachen, wurden neue gesucht und gefunden.

Diese neurotische Verwahrlosung großer Teile der Jugend setzte seit den 1960er Jahren mit der Veränderung unserer Gesellschaft durch die 68er und deren Ideologie aus der „Frankfurter Schule" ein. An die Stelle einer idealistisch eingestellten Jugend trat in kurzer Zeit eine materialistisch geprägte junge Generation, der die Maximierung der eigenen Lust als Lebensziel galt und die einem ungebremsten Egoismus frönte.

Die Familie wurde systematisch zerstört, ein Keil zwischen die Generationen getrieben und das egoistische Single zum Vorbild erhoben. Kindererziehung galt nun als Fehlinvestition. Die Jugend sang nicht mehr, sondern wurde durch heiße Rhythmen in raffinierten Massenekstasen gleichgeschaltet und entpersönlicht. Ihr wurde die hohe deutsche Kultur verächtlich gemacht oder komplett vorenthalten. Die reiche deutsche Geschichte wurde in eine Fehlentwicklung umgemünzt und wie ein Verbrecheralbum dargestellt. Eine ganze Generation wurde so an ihrer Selbstverwirklichung gehindert, wurde den wirklichen Herausforderungen und Aufgaben des Alltags entfremdet, lernte die große Leere.

Meiner Meinung nach wurde da ein unverantwortliches Verbrechen an der Jugend verübt, denn ihr wurde das Wesentliche des Lebens vorenthalten. Das Ziel der Umerziehung, die geistigen und seelischen Verhältnisse in Deutschland auf den Kopf zu stellen, wurde dadurch fast perfekt erreicht. Und vor diesem Scherbenhaufen stehen wir heute. Daher ist es höchste Zeit, dass hier eine Änderung stattfindet, ansonsten befürchte ich, werden wir noch mehrere „Winnenden" erleben müssen.

Dass diese Tat nicht das einzige Produkt dieser Umerziehung ist, zeigt auch der Vorfall an der Marienburg:

Mitte Oktober 2008 begann eine Firma mit dem Bau eines großen Hotelkomplexes am Fuße der weltberühmten Marienburg an der Nogat. Dabei kamen eines Abends beim Abriss alter Häuser und Gewölbe rund 70 Skelette zum Vorschein, dabei viele von Kindern, die zum Teil feine Einschusslöcher auf der Stirn aufwiesen. Der herbeigerufene Bürgermeister ließ die Funde schnell beseitigen und auf einem Gemeindefriedhof bestatten. Die informierte Polizei fand dann nichts mehr, und die Staatsanwaltschaft stellte das Verfahren ein. Der Bau ging weiter.

Am 11. November 2008 spülte dann ein starker Regenguss in der Baugrube weitere menschliche Überreste frei, und in den nächsten Tagen stieß man auf hunderte von Skeletten mit Schädeln, ebenfalls zahlreiche von Kleinkindern und bei etwa zehn Prozent der Toten mit Schusslöchern im Bereich der Stirn. Jetzt war die Sache nicht mehr zu verheimlichen und erregte kurzzeitig die Weltpresse.

Man schob die Schuld zunächst den Russen zu und sprach von einem neuen Katyn. Doch da es sich dann offensichtlich um deutsche Opfer der ersten Nachkriegszeit handelte, nahm das Interesse schnell ab. Insbesondere sahen deutsche Stellen keinen Grund zum Eingreifen. Insgesamt wurden an diesem Ort bisher mehr als 2000 Skelette geborgen, meist mit groben Bulldozern, ohne Fachkräfte und ohne Mitwirken von erfahrenen Kriminologen.

Das, was an Katyn erinnerte, gab zu vielen Fragen Anlass. Als Tatsachen dürfen gelten, dass man im Februar 1945 kurz vor dem Erscheinen der Sowjets und der wochenlangen Verteidigung der Marienburg durch rund 2500 deutsche Soldaten die deutsche Bevölkerung des Städtchens Marienburg zum größten Teil evakuierte.

Nach Kriegsende kamen eine Reihe der Evakuierten zurück, sodass seit Juni 1945 laut einer Statistik wieder rund 2050

Deutsche in dem kleinen Städtchen neben 1200 Polen lebten. Für den November 1945 gibt es Aussagen, dass an einem Tag rund 200 bis 300 Deutsche von polnischer Miliz unter Anwendung brutaler Gewalt durch die Straßen der Stadt vom Bahnhof in Richtung zur Innenstadt getrieben worden sein. Man weiß nicht wohin und was ihr Schicksal war. Danach hörte man dort von den rund 2000 Deutschen in Marienburg nichts mehr. Sie fehlen auch in deutschen Vertreibungslisten.

Die deutsche Regierung wie auch die deutsche Staatsanwaltschaft zeigten kein Interesse an diesem Vorgang. Weil es *nur* deutsche Opfer waren? Oder weil man die „deutsch-polnische Freundschaft" nicht unnötig belasten wollte? Oder weil die Umerziehung bereits Früchte trägt?

Sind wir doch einmal ehrlich, wären die Deutschen die Täter gewesen, dann hätte es „wieder einmal" einen Aufschrei durch die Weltpresse gegeben. So aber verschwand die ganze Sache stillschweigend in einer Schublade. Schwamm drüber ... getreu dem Motto: „Lieber ducken statt mucken".

Meiner Meinung nach ist die Welt nun reif für eine Verwandlung. Offenkundig ist die Zeit vorbei, in der wir unser *Selbst*, verbissen als von der übrigen Welt abgetrennt und im Widerspruch dazu stehend, begreifen konnten.

Diese tragische Polarisierung zwischen dem *Selbst* und dem *Anderen* sowie die Glorifizierung des Konkurrenzdenkens, Siegens und der allgemeinen Selbstsucht mag sich zur Zeit des Wilden Westens bewährt haben. Aber in den letzten Jahren musste es zu Energie-, Welt- und Wirtschaftskrisen führen.

Simple geschichtliche Logik zwingt uns nun, unsere Wertvorstellungen und unser Verhalten zu überdenken, ja zu revidieren.

Eine Welt der Verbundenheit, der Möglichkeit und der Evolution erfordert einen starken Sinn für Gemeinschaft sowie für die Übernahme persönlicher Verantwortung.

Sie verlangt Abkehr vom Wettkampf und Sieg und eine erneuerte Wertschätzung für *Teilnehmen* und *Erfahren*, Sanftheit und Lebensfreude statt Aggression. Eine Verschmelzung mit der Natur anstatt Herrschaft über sie. Einen bescheideneren, umweltbewussteren Lebensstandard und eine mächtige Intentionalität, anstelle von exponentiellem Wachstum in Produktion und Verbrauch. Unser großes Ziel sollte sein: Soziale Gerechtigkeit auf der ganzen Welt.

Wir sollten uns bewusst sein, dass das Universum sich unaufhörlich pulsierend ausdehnt. Sterne brennen aus, Galaxien verlangsamen ihre Drehung und dennoch bringt das Universum als „Ganzes" ständig neue Informationen, eine neue Ordnung und Komplexität hervor. Denn diese Evolution höherer Formen schreitet nicht im gleichmäßigen Tempo, sondern in pulsierenden Wellen voran.

Die Zukunft scheint eine Katastrophe zu bergen, und die Stimmen des Zynismus' und der Verzweiflung verschaffen sich lautes Gehör. Aber die Zyniker sehen nur eine Seite der Welle. Die andere Seite enthält eine unerwartete Konstellation von Kräften und Ereignissen. Diese können sich in Form von herausragenden Persönlichkeiten, Erfindungen, Entdeckungen oder einer neuen Denkweise manifestieren.

In Begriffen der Spieltheorie könnte man sagen, das Universum sei so beschaffen, dass das Spiel maximiert wird. Die besten Spiele sind doch nicht diejenigen, bei denen alles glatt und gleichmäßig einem berechenbaren Ende zustrebt, sondern diejenigen, bei denen der Ausgang immer ungewiss bleibt. Nun, und genauso ist die Geometrie des Lebens dazu angetan, uns am Punkt maximaler Spannung zwischen Sicherheit und Unsicherheit, Ordnung und Chaos zu halten. Bei jeder wichtigen Entscheidung geht es quasi *um die*

27

Wurst. Wir *überleben* um Haaresbreite. Aber nur so entwickeln wir uns, nur so lernen wir.

Der Name dieses Spieles heißt „Evolution" und jeder von uns ist voll daran beteiligt. Natürlich sollten wir auch gewillt sein, diese notwendige Veränderung zu erkennen und anzunehmen.

Wenn wir die Evolutionsleiter weiter nach oben steigen wollen, dann müssen wir aus den Fehlern der Vergangenheit lernen. Müssen wir offen sein für das Neue. Neugierig sein für das Unbekannte und begreifen, dass das Universum nicht nur aus der Intelligenz der Menschen besteht, sondern voller Überraschungen und unterschiedlichster Lebensformen. Wir müssen begreifen, dass wir alle der gleichen Ursubstanz entsprungen sind und daher auch nur als *Einheit* wirklich erfolgreich sein können. Intelligenz ist auf diesem Weg ohne Zweifel wichtig, aber sie alleine wird uns nur bis zu einer festgelegten Stelle auf der Evolutionsleiter bringen. Intuition, oder besser gesagt, das Empfinden mit dem Universum verschmolzen zu sein, wird uns ganz neue Möglichkeiten und Welten eröffnen. Festgefahrene Muster und Egoismus sind dabei nur hinderlich.

Ich höre immer wieder: „Das kann ich alles nicht" oder „Ich meditiere fast täglich und das genügt mir!". Oft wird dann auch noch der Satz „Gott weiß schon was er tut" hinzugefügt.

Mich bringen derartige Aussagen immer wieder ins Staunen. Wie kann es sein, dass wir in einer Zeit des technischen Fortschritts, des Wissens und der Entdeckungen auf spiritueller Ebene den Stand eines Vorzeitmenschen immer noch nicht überwunden haben. Noch immer klammert sich der größte Teil der Menschheit an eine gottähnliche Wesenheit die über uns wacht. Ja, macht letztlich diese Gottheit für unser Versagen oder auch unseren Erfolg verantwortlich.

Ich möchte all' den Gläubigen nicht etwas nehmen, an das sie sich ihr Leben lang klammern, ganz gewiss nicht, denn all diese positiven Gedanken, die dabei aufgebracht werden, sind überaus effektiv und auch wichtig.

Aber warum, meine lieben Freunde, reduziert Ihr die Menschheit auf eine unselbstständige und stets abhängige Marionette? Wie sollen wir *Gott* begreifen können, wenn wir nicht den Mut besitzen, auf eigenen Füßen zu stehen? Uns an Dinge heranwagen, die uns heute noch fremd und Furcht einflößend erscheinen. Wären da in der Vergangenheit nicht mutige Pioniere gewesen, dann würden wir wohl heute noch glauben, dass die Erde sich in Form einer Scheibe darstellt.

In fast allen Bereichen unseres *Seins* haben wir uns enorm weiterentwickelt. Warum auf spiritueller Ebene nicht?

In jedem von uns schlummert doch die große Frage: *Warum*? Dieser Frage nachzugehen ist zu keiner Zeit unpassend. Im Gegenteil, auf diesem Weg lernen wir aus allen Bereichen des heutigen *Seins*. Egal, ob es sich dabei um Astrologie, Mathematik, Astronomie, Geschichte, Religion, Physik, Politik, Medizin, Chemie oder reine Esoterik handelt. All diese Bausteine gehören sozusagen zum großen Ganzen und helfen uns, das, was wir als „Gott" bezeichnen, besser zu begreifen. Seltsamerweise schrecken viele zurück, wenn sie erfahren, dass auf dem Weg der spirituellen Entwicklung Bereiche wie Mathematik, Astronomie und Physik einen festen und wichtigen Platz haben. Dabei sind diese wichtigen wissenschaftlichen Bereiche unerlässlich, wenn es darum geht, bestimmte Begebenheiten und so genannte Phänomene zu entschlüsseln und auseinanderzunehmen, sodass letztlich nur noch das rein Spirituelle übrig bleibt. Sie helfen uns, festgefahrenem Aberglauben zu entkommen und bringen uns an den Punkt, wo wir staunend und auch demütig erkennen, dass wir noch viel zu lernen haben.

Wir können uns heute auch nicht mehr einfach mit den Worten herausreden: *Davon habe ich nichts gewusst*, denn bemerken, ja am eigenen Leben registrieren, dass auf unserem Globus so einiges schief läuft, das tun wir doch mittlerweile alle. Wir sollten uns daher mehr bewusst werden, dass gewisse Organisationen mit ihren Armeen, ihren Gesetzen, ihren Verordnungen und Vorschriften ihren Einschüchterungstaktiken, ihren grenzenlosen Lügen, Versprechungen und ihren angeblichen Hilfsprogrammen nur dann richtig Erfolg haben, wenn wir „das so genannte Volk", auch mitspielen. Denn es geht nicht ohne uns und „wir sind das Volk", nicht diese „Elite" mit all ihren Helfern und Helfershelfern.

Wir brauchen die „Elite" nicht, aber sie braucht uns.

Erinnern Sie sich nur einmal an den Fall der Berliner Mauer. Da war sie, die Einheit, das Volk. Rufen Sie sich noch einmal diese Macht des Volkes in Ihre Erinnerung, aber auch die Ohnmacht der so genannten Obrigkeit.

Das Kollektiv kann nicht ausgelöscht werden, denn das Kollektiv kann ohne Probleme allein existieren. Die größte Angst dieser „Elite" ist, dass wir tatsächlich aufwachen, uns unserer Stärke bewusst werden und uns geschlossen gegen sie stellen.

Darum überschütten sie uns u. a. auch rund um die Uhr mit Werbung, Talkshows, Gewinnspielen und anderen Ablenkungsmanövern. Denn, wer dauernd beschäftigt ist, der kommt erst gar nicht auf den Gedanken, sich aufzulehnen.

Selbst die einzelnen Preiserhöhungen, die hohen Energiekosten, Arbeitslosigkeit, Altersarmut, die Unterversorgung durch die Kassen, Gehälter und Renten, alles das gehört zur Taktik:

Beschäftige den Bürger, damit er nicht anfängt zu denken.

Der Kontakt

Um ein komplettes Buch über das von mir behandelnde Thema schreiben zu können, ist es unerlässlich zu forschen, Hunderte von Büchern zu studieren und an unzähligen Gesprächsrunden teilzunehmen. Mindestens ebenso wichtig aber sind die Personen, die sozusagen aus erster Hand etwas zu diesem Thema beisteuern können.

Ich hatte im Laufe der vergangenen 20 Jahre Kontakt zu einigen, sagen wir mal, nicht alltäglichen Genossen. Dabei hatte ich die Geisteswissenschaft nicht im Entferntesten mit solchen Gestalten in Verbindung gebracht. Überhaupt hatte ich zu dieser Zeit (Anfang meiner Recherchen) noch keinen blassen Schimmer, welcher Abgrund sich vor mir auftun würde und wie eng Politik, Kirche, Gewalt, Krieg und Geisteswissenschaft miteinander verflochten sind.
Damals wusste ich noch nicht, dass die Wahrheit einen hohen Preis fordert. Für mich war es am Anfang nur Abenteuer und Esoterik.

Allerdings dauerte es nicht allzu lange, bis ich bemerkte, dass ich, um das Eine verstehen zu können, das Andere erst begreifen und erforschen muss.
Recht schnell landete ich dadurch bei den so genannten Verschwörungstheoretikern, den UFO-Fanatikern und denen, die angaben, beste Beziehungen zu ehemaligen Agenten der USA bzw. zu geheimen Projekten zu haben. Diese Gruppen einfach als Spinner abzutun, finde ich nicht richtig. Klar gibt es auch in diesen Gruppierungen Elemente, die über das Ziel hinausschießen oder einfach nur Angelesenes immer und immer wieder herunterleiern.
Aber mit der Zeit kann man solche Fanatiker schnell erkennen und sich von ihnen distanzieren. Was dann als Essenz übrig bleibt, besteht aus hochintelligenten Akademikern,

mutigen Journalisten, kompetenten Autoren und Personen, die unmittelbar betroffen waren bzw. es noch sind. Diese Leute öffnen dem Suchenden eine Tür, die man im Nachhinein gerne zugelassen hätte. So abgrundtief verlogen, egoistisch und von grenzenloser Rücksichtslosigkeit ist das, was man hinter dieser Türe erfährt. Aber wie schon gesagt, ich kannte zu dieser Zeit noch niemanden, der mir quasi aus erster Hand Informationen zukommen ließ.

Ich beschäftigte mich noch intensiv mit meinem Training außerkörperliche Erfahrungen zu machen, denn darin konnte ich schon einige Fortschritte erzielen.

Die Meinungen über so genannte „Astralreisen" gehen in der Gesellschaft und auch in der Fachwelt weit auseinander. Die einen halten das Ganze für absoluten Blödsinn, während andere wiederum eine solche Möglichkeit durchaus in Betracht ziehen. Ich selbst bin eigentlich mehr oder weniger zufällig auf dieses Phänomen gestoßen, als ich wieder einmal eine neue Atemtechnik für eine Tiefenmeditation ausprobierte. Zu Beginn der Meditation war alles wie immer: Das angenehme Schweregefühl und die Ruhe, welche einen überkommt.

Aber plötzlich geschah etwas, was ich in meinen früheren Meditationen nicht erlebt hatte. Ich hatte das ungute Gefühl, als würde ich wie in einem Aufzug liegend, in rasender Geschwindigkeit nach oben fahren. Dabei sah ich kurze Fragmente meiner Kindheit. Diese waren jedoch nicht klar zu erkennen und ich ordnete diese Abfolge von unscharfen Bildern meinen Erinnerungen zu, soweit es mir mit meinem Magen überhaupt möglich war. Denn der meldete sich durch das rasante Nach-oben-Fahren mittlerweile deutlich. Irgendwann spürte ich dann so etwas wie einen Stoß in meinen Rücken. Danach stand alles still. Allerdings nur so lange, bis ich meinen Kopf ein wenig zur Seite drehte und voller Schrecken mich selbst auf meinem Bett liegend sah. Im gleichen Augenblick zog es mich wie in einem starken Sog in

Rekordzeit nach unten. Dort angekommen riss ich meine Augen auf, sprang aus meinem Bett und starrte voller Wut auf meine Bettdecke, so als wäre sie an dem soeben Erlebten schuld.

Es dauerte Monate bis ich diesen Zustand komplett kontrollieren konnte. Nach immer wieder erlebtem „Aufsteigen" zog es mich ständig wieder nach unten. Wenn ich dann mal stehen bleiben konnte, wackelte ich herum, als würde ich auf einem schmalen Brett balancieren, nur um im nächsten Moment wieder abwärts zu rasen. Irgendwann klappte es dann, in der Höhe zu verharren, auch wenn der Sog nach unten nie verschwand. Aber ich lernte damit umzugehen, dem Sog nicht nachzugeben. Aber weiter weg von meinem Bett als einige wenige Schritte wagte ich nie zu gehen. Irgendwie hatte ich die Befürchtung, der Sog würde nachlassen und ich könnte nicht mehr nach unten fahren.

Allerdings machte ich auf dem Gebiet der außerkörperlichen Wahrnehmungen auch einige sehr interessante Entdeckungen.

Aus diversen Büchern und entsprechenden Gesprächen hörte ich immer wieder: „Als ich eine außerkörperliche Erfahrung hatte, sah ich ein wunderschönes Licht!" Andere wiederum sahen, laut ihren Erzählungen, Verstorbene, die versucht hätten, Kontakt mit ihnen aufzunehmen. Kurzum, es gab jede Menge Versionen, aber alle hatten eines gemeinsam: ein helles Licht.

Bis heute, und da liegen ca. 40 außerkörperliche Aktivitäten dazwischen, habe ich weder dieses Licht noch irgendwelche Verstorbene gesehen. Sie können sich sicherlich vorstellen, dass ich in den Situationen, in denen ich über meine Erfahrungen berichtete, sich so mancher „Om-Fanatiker" flugs von mir entfernte (schlechter Spirit). Andere wiederum zeigten plötzlich starkes Interesse an meiner Person.

Interessant an meinen Exkursionen war, dass ich bemerkte, dass alles um mich herum zu leben schien, aber dennoch durchlässig war. Einen Tisch zum Beispiel: Diesen sah ich in seiner Form, konnte aber mit meiner Hand überall hindurchfahren. Das bewirkte, dass sich das Konstrukt Tisch hin und her bewegte (in der Weise, wie schnell meine Bewegung war), dann aber nach einer gewissen Zeit wieder in seine Form zurückpendelte. Alles war durchlässig und dennoch waren da Formen wie eben ein Tisch, ein Stuhl, ein Baum oder ein Mensch.

Sehr interessant war der Widerstand, den ich beim Hindurchfahren spürte. Dieser war je nach Objekt mal stärker oder aber auch sehr schwach. Das kam auf das Objekt an. Ein Tisch zum Beispiel hatte kaum Widerstand. Bei einem Baum, einer Blume oder unserer Katze hingegen spürte ich deutlich so etwas wie „Dichte". Am deutlichsten war es, wenn ich mit meiner Hand durch einen Menschen fuhr. Da bemerkte ich großen Widerstand.

Manchmal hatte ich den Eindruck, dass Tiere wie z. B. unsere Katze und auch Pflanzen es bemerkten, wenn ich mit meiner Hand durch sie hindurchfuhr. Menschen hingegen reagierten überhaupt nicht darauf.

Als angenehm empfand ich stets das farbige Licht um mich herum. Alle möglichen Farbschattierungen konnte ich entdecken. Allerdings erschien es mir immer in Pastellfarben. Namir (zu ihm komme ich gleich) erklärte mir dieses Phänomen so: Wir müssen wissen, dass weißes Licht eigentlich eine Mischung aus allen Farben des Regenbogens darstellt. Das Licht selbst setzt sich aus elektromagnetischen Wellen zusammen und bewegt sich durch den Raum wie gekräuselte Wellen auf der Oberfläche eines Teiches. Kurze Lichtwellen ergeben ein bläuliches und lange Lichtwellen ein rötliches Licht. Die Wellenlängen für grüne und gelbe Farben liegen zwischen Blau und Rot. Weiß ist daher nur die Kombination aller Wellenlängen.

All diese Erfahrungen und Neuentdeckungen beschäftigten mich zu dieser Zeit mehr als irgendwelche Insiderinformationen. Dennoch wurde ich eines schönen Tages auf den Besuch eines Mannes aufmerksam gemacht, der mein damaliges Denken und Handeln gründlich umkrempeln würde. Er wurde mir als „Wanderer" angekündigt, der sich anscheinend schon geraume Zeit für mich interessierte.

Eines Tages war es dann so weit. Er war einfach da, ohne Anmeldung oder Nachfrage stand er vor unserer Haustüre und lächelte mich mit seinen gütigen Augen an und stellte sich selbst als Namir vor. Namir ist ein schlanker, etwa 1,80 großer Mann, dessen ovales Gesicht bartlos ist und der einen leicht bräunlichen Teint hat. Seine halblangen blonden Haare kamen mir damals irgendwie durchsichtig vor und seine Augen glänzten in einem angenehmen hellblau. Als er mir zur Begrüßung seine Hand entgegenstreckte, staunte ich über deren Feingliederigkeit.

Obwohl ich anfangs dieser Begegnung sehr skeptisch gegenüberstand, entwickelte sich im Laufe der Jahre eine sehr tiefe Bindung zwischen uns. Meine erste Lektion bestand darin, zu begreifen, dass ich nicht alles mit meinem logischen Verstand angehen kann, obgleich, wenn verstanden, letztlich alles wieder logisch erscheint. Er war es auch, der mich dazu brachte, mich bei wissenschaftlichen Ergebnissen bis ins letzte Detail zu informieren. Stets betonte er, wie wichtig es sei, seine Mitmenschen nicht durch Unwissenheit zu verunsichern und somit unglaubwürdig zu wirken.

Beruflich ist Namir in Berlin als Physiker tätig. Leider hat er mir bis heute nicht den genauen Ort und seine berufliche Position verraten. Ich weiß lediglich, dass er zum damaligen Zeitpunkt 56 Jahre alt und verheiratet war sowie zwei Kinder hatte. Warum er sich ausgerechnet mit mir beschäftigte, begründete er in der Tatsache, dass ich wohl gewisse Fähigkeiten auf dem Gebiet der außerkörperlichen Erfahrungen habe und die Gruppe, zu der er seit ca. 30 Jahren gehöre, starkes Interesse an solchen Personen wie mir habe.

An dieser Stelle möchte ich hervorheben, dass Namir selbst auf diesem Gebiet ein wahrer Profi ist. Personen, die sich wie ich auch außerhalb ihres irdischen Körpers bewegen können, nennen sie Wanderer. Demzufolge bin auch ich ein Wanderer.

Seine Aufgabe besteht darin, Menschen, die wie ich darauf gestoßen sind, dass ihnen etwas beinahe Unmögliches gelungen ist, weiter zu schulen und auch zu unterrichten. Wie genau diese Personen jedoch ausfindig gemacht werden, habe ich leider bis heute nicht erfahren.

Mit Namir habe ich viele außerkörperliche Unternehmungen unternommen. Bei diesen Exkursionen lernte ich immer besser mit der enormen Anziehungskraft umzugehen, welche von meinem irdischen Körper ausgeht. Laut Namir hat es viel mit dem eigenen Bewusstsein zu tun, aber auch mit dem Angstgefühl, nicht mehr zurückkehren zu können. Er beherrscht diese Technik so perfekt, dass er sich innerhalb weniger Minuten in den Zustand der Feinstofflichkeit versetzen kann und dies ohne lange Vorbereitungen.

Mir selbst ist erst bei Unternehmungen mit Namir aufgefallen, dass ich jedes Zeitgefühl verloren habe, wenn ich mich außerhalb meines Körpers befinde. Genauer gesagt, immer wenn ich der festen Ansicht war, unsere Exkursion nahm höchstens eine Stunde in Anspruch, musste ich später feststellen, dass wir deutlich länger unterwegs waren, zeitweise sogar über die gesamte Nacht.

Bei einem Aufenthalt in Ägypten erklärte mir Namir, dass immer, wenn von Zeit die Rede ist, wir als erstes an die Uhrzeit und im Zusammenhang damit an Instrumente zur Zeitmessung an Uhren jeglicher Art denken.

Allerdings haben diese mit der Zeit als vierte Dimension, neben den drei räumlichen Koordinaten, nur wenig zu tun. Uhren sind lediglich Hilfsmittel für die Zeitmessung, welche die jeweiligen Zeitintervalle registrieren. Zeit im Sinne von „Zeitdauer" bedeutet nichts anderes als „Ungleichzeitigkeit", die ein nacheinander von Wirklichkeiten mit einschließt.

R. Calder definierte zum Beispiel, dass zwischen zwei nicht gleichzeitigen Ereignissen eine Pause liegt, die gemessen werden kann.

Zeitmessungen basieren auf der irreführenden Annahme, dass diese den Augenblick des *Jetzt* anzeigen. Dies wiederum induziert unwillkürlich die Vorstellung, die übrige Zeit ließe sich in ein *vor* und *nach* diesem Augenblick einteilen, was jedoch nach neuesten Erkenntnissen unserer Physiker sehr infrage gestellt wird.

Unser momentanes Problem ist, dass wir gelernt haben, dass der Raum sich sozusagen in einem Stück darstellt, wohingegen die Zeit nach und nach (also in quantenhaft kleinen Portionen) auf uns zukommt. Das wiederum macht uns glauben, dass die Zukunft verborgen und die Vergangenheit nur mittels irgendwelcher Erinnerungshilfen verschwommen wahrnehmbar ist. Wir sind förmlich darauf fixiert anzunehmen, die Gegenwart würde sich uns unmittelbar enthüllen.

Laut Namir ist das ein Trugschluss, der auf falschen Voraussetzungen, d. h. auf dem Hineinzwängen der Zeitdimensionen in unsere räumliche Vorstellungswelt beruht. Im Grunde genommen verschmelzen Vergangenheit, Gegenwart und Zukunft zur Gleichzeitigkeit. Was zur Folge hat, dass es im Prinzip gar kein *Vorher* und *Nachher* gibt.

So gesehen kann ich mir die so genannten Zeitanomalien, unerklärliche Phänomene, Vorauswissen, das Verschwinden von Personen und einzelnen Gegenständen, Materialisation und Dematerialisation besser erklären. Was uns letztlich doch tatsächlich zu Buddha führt, der uns lehrt: Es gibt keinen Anfang und kein Ende, da die Übergänge sich fließend darstellen.

Ganz gleich, ob es auf unserem Planeten in Millionen von Jahren noch jemanden geben wird, der Uhren in Gang hält oder auch nicht, die Zeit als Dimension wird fortbestehen. Ja selbst wenn die Erde schon längst zu Staub zerfallen sein wird, werden die Spuren des Lebens im alten Ägypten, auf den tropischen Inseln Ozeaniens und im ewigen Schnee des Himalaja auf der endlosen Zeitkoordinate gespeichert bleiben wie in den Rillen einer Schallplatte.

Nichts vergeht, was nicht an anderer Stelle wieder in Erscheinung zu treten vermag. Denn Raum und Zeit sind unzerstörbar, weil sie keine Dinge, sondern Dimensionen sind – also mathematische Gedankenkonstrukte.

Sollte sich also das materielle Universum mit seinen unzähligen Galaxien, Sonnen und Planeten irgendwann einmal völlig auflösen, dann gäbe es da immer noch den immateriellen Raum in der Zeit, eben die Raumzeit. Diese wäre bereit für die Geburt eines neuen Kosmos'.

Namir lehrte mich, die Zeit nicht als eine Gerade zu sehen, auf der sich „Jetzt-Punkte" kontinuierlich aneinanderreihen, sondern sie mir eher als eine Spirale ewiger Wiederholungen in einem sich geschlossenem System vorzustellen. Die einzelnen „Zeitabläufe" hängen Objektiv von den einzelnen Massen ab. Zeitliche Abläufe verlangsamen sich zum Beispiel in der Nähe großer Massen (Planeten, Sterne), weil hier starke Gravitationskräfte herrschen, die eine Art Bremswirkung ausüben. Im Nahbereich von Galaxien schrumpfen zeitliche Abläufe auf ein Minimum.

Anders ist es im Bereich des Atomaren und Subatomaren. Dort spielen sich mit unglaublicher Geschwindigkeit Zerfallsaktivitäten ab. Temporale Prozesse hängen demnach von der Größe der involvierten Objekte ab und sind somit relativ zu werten.

Alles das zusammengefasst bringt uns zu der Erkenntnis, dass jeder mentale (Bewusstseins-)Zustand als „virtuelles Konstrukt", also als ein nicht observierbares Gedankenobjekt in der Zeitkomponente eines jeden Photons (Lichtteilchen) mitgeführt wird.

Demnach enthalten die Photonen im virtuellen Zustand sämtliche Möglichkeiten, die ihnen einmal aufgeprägt wurden. Wobei diese virtuellen Objekte in dimensional getrennt von uns existierenden *Seinsbereichen* tatsächlich völlig real sind.

Folglich enthält die mit Photonen verschachtelte Zeitkomponente auch sämtliche Mechanismen für psychisch-physikalische Wechselwirkungen, da das Bewusstsein und virtuelle, von uns nicht beobachtbare Zustände, ein und dieselbe Zeitdimension innehaben.

Es sind lediglich unsere Erfahrungen, Gewohnheiten und unsere einseitige Programmierung, die uns in unserer Annahme bestärken, dass unsere materielle, alltäglich erlebte Realität einmalig ist.

Andere, für uns unverständliche, mehr als drei Dimensionen erfassende Realitäten werden wegen ihrer „Nichtfassbarkeit" und auch Flüchtigkeit als nicht existent, als Träume, Halluzinationen, Produkte geistiger Verwirrung und dergleichen abgetan.

Leider beschäftigt sich die Schulwissenschaft noch immer ausschließlich mit physikalischen bzw. mentalen Dingen. Sie bestreitet die Existenz paranormaler und paraphysikalischer Zustände, weil sich das metaphysische Prinzip ihrem Zugriff entzieht und weil es den drei klassischen Gesetzen der Logik widerspricht.

Namir meinte einmal am Ende einer langen Diskussion: Erst wenn der Mensch begreift, auf welche Weise andere Realitäten über die alles verbindende Zeitdimension in seine *Raumzeitwelt* hineinwirkt, wird es ihm möglich sein, diese

Aktivitäten richtig zu deuten und größere Zusammenhänge erkennen.

Auf diese Art beendete Namir des Öfteren längere Diskussionen, hauptsächlich dann, wenn er bemerkte, dass ich wieder einmal kurz vor einem totalen geistigen Abschalten stand. Auch wenn Namir mir sein Wissen in sehr angenehmen Happen servierte, so war ich doch nicht selten schlichtweg mit der Menge seiner Informationen und deren Inhalt überfordert.

Natürlich fanden diese Gespräche, man könnte sie getrost auch Unterrichtsstunden nennen, nicht fortwährend statt. Zwischen den einzelnen Treffen lag stets so viel Zeit, dass ich das Gehörte verarbeiten, nachschlagen und verstehen konnte.

Manchmal vergingen mehrere Wochen, bis sich Namir wieder bei mir meldete. Anfangs erwartete ich in quasi täglich. Mit der Zeit jedoch merkte ich, dass Namir, woher auch immer, stets darüber informiert war, wo ich mich gerade befand und wann ich das Gelernte auch tatsächlich verstanden hatte und er seine Zeit mit mir nach diesem Erkenntnisstand richtete.

Für mich war und ist Namir ein unerschöpflicher Wissenskrug, denn ich kann mir nur sehr schwer vorstellen, dass es irgendein Thema gibt, mit dem sich Namir noch nicht wissenschaftlich auseinander gesetzt hat. Und dennoch schafft er es, sein Wissen nicht nur in der üblichen akademischen Sprache zu kommunizieren, sondern die Worte und Vergleiche so zu wählen, dass das Gehörte relativ leicht verständlich wird.

Äußerst interessant sind auch seine Berichte, die er des Öfteren zum besseren Verständnis einfließen lässt. Wie beispielsweise von jenem Ereignis, das sich am 24. Oktober 1976 in New Jersey ereignet hatte. Damals fand sich der neunzehnjährige Bruce Burkan in einem Bus-Terminal wieder. Er trug einen billigen, schlecht sitzenden Anzug und hatte gerade eben noch sieben Cent in der Hosentasche.

Burkan konnte sich nicht erinnern, wie er dort hingekommen bzw. was während der zwei vergangenen Monate mit ihm geschehen war. Dabei hatte alles so harmlos begonnen. Am 22. August waren er und seine Freundin zum Strand am Salisbury-Park gefahren. Sie wollten dort den ganzen Nachmittag verbringen. Irgendwann war Burkan, in Badehose, zur Parkuhr gegangen, um eine Münze einzuwerfen. Als er nach einer Stunde noch nicht zurück war, ging seine Freundin zum Parkplatz. Sie war besorgt und wollte nachschauen, ob ihm etwas zugestoßen sei. Burkans Wagen stand noch immer abgeschlossen an der gleichen Parkuhr. Von Bruce war jedoch weit und breit nichts zu sehen.

Nach tagelangem Ausbleiben informierten seine Angehörigen die Polizei. Eine Suchmeldung ging sofort an sämtliche Streifenwagen. Doch alle Ermittlungen verliefen im Sande. Niemand schien ihn gesehen zu haben.

Später, als er wieder zu Hause war und die acht Wochen seiner Abwesenheit nachzuvollziehen versuchte, fragte er sich unentwegt, warum er die ganze Zeit über von niemandem gesehen wurde, wobei er doch feuerrote Haare hatte.

Eine ähnliche Erfahrung machte im Frühjahr 1966 das Ehepaar Chapman in Poole, Grafschaft Dorset (England), als sie auf einem brachliegenden Grundstück unmittelbar neben einer modernen Siedlung Blumen für eine bevorstehende Wohltätigkeitsveranstaltung pflückten.

In Gedanken versunken näherte sich Chapman einem nur wenige Meter entfernt, in voller Blüte stehenden Kirschbaum. Als er sich, einer spontanen Eingebung folgend, umwandte, musste er zu seinem größten Erstaunen feststellen, dass die Siedlungshäuser plötzlich verschwunden waren. Obwohl er seine Frau in einiger Entfernung deutlich sehen konnte, befand er sich plötzlich in einer ihm völlig fremden

41

Umgebung. Alles hatte sich verändert. Ein riesiges offenes Nichts umgab ihn. Immerhin konnte er noch die Sonne sehen, dadurch verlor er auch nicht ganz die Orientierung. Blitzartig kam ihm der Gedanke, dass er wohl in eine andere Zeitdimension hineingeraten ist.

Da er der Meinung war, der Ausgang zu seiner Realität würde wohl mit der Eintrittsstelle identisch sein, markierte er die Position mit zwei gekreuzten Hölzern. Dann lief er in die Richtung, in der er die Siedlung vermutete. Nichts, aber auch gar nichts war zu sehen. Er fragte sich unentwegt, wo sind die Häuser und die Wege, wo sind die Menschen, die dort zuvor die warme Frühlingssonne genossen hatten? Er hatte das Gefühl, jegliches Leben um ihn herum sei erloschen.

Als er schließlich verzweifelt zurück zu seiner Markierung lief, stand dort seine Frau, die behauptete, ihn für eine Weile aus den Augen verloren zu haben. Am Markierungspunkt angekommen bemerkte Chapman, dass alles um ihn herum wieder wie früher war.

Man fragt sich bei dieser Geschichte schon, litt Chapman unter Halluzinationen und seine Frau unter Sehstörungen? In der Regel werden derartige Berichte dann auch mit so genannten „fachlichen Beurteilungen" abgetan. In diesem Fall dürfte es jedoch etwas schwieriger sein, denn der Boden, auf dem sich zuvor Chapman befand, war völlig kahl und weich. Auf ihm konnte man Chapmans Fußspuren, die zu den Häusern hinführten und an einer bestimmten Stelle jäh endeten, deutlich sehen.

Vieles deutet darauf hin, dass wir allesamt Zeit unseres irdischen Lebens in unterschiedlichen Realitäten Zuhause sind. Und jede dieser Existenzen würde ein Eigenleben führen, besäße einen körpereigenen, typischen Schicksalsverlauf.

Natürlich passen derartige Berichte nicht so recht in unser materielles, von physikalischen Gesetzmäßigkeiten und aristotelischer Logik geprägtes Weltbild, denn alles Geschehen jenseits unserer anerzogenen Realitätsschablonen erscheint auf den ersten Blick unverständlich, geradezu mysteriös und wird von unseren Zeitgenossen meist mit Argwohn bedacht. Ich finde es schade, dass die meisten von uns einen „zweiten Blick" erst gar nicht riskieren. Denn würden sie ihn wagen, müssten sie feststellen, dass hinter all den chaotischen Zuständen, die durch Zeitanomalien und PSI-Phänomene verursacht werden, etwas existiert, das die Grenzen der modernen, transzendenzoffenen Physik tangiert. Mehr noch, dass im Bereich der Quantenphysik die Grenzen zwischen Materiellem und Immateriellem fließend sind.

Natur und Mensch,
da passt etwas nichtzusammen

Genmanipulation am Menschen?

Erinnern Sie sich noch an Ihren Biologieunterricht? Ich schon. Da wurde mir von meinem Biolehrer mit tiefster Überzeugung dargestellt, dass jedes Lebewesen während seiner embryonalen Entwicklung im Zeitraffer die Stammesgeschichte der Vorfahren durchläuft. Weiterhin lehrte er uns, dass junge Embryos, wie zum Beispiel ein Fisch-, Salamander-, Schwein- oder Menschenembryo sich nicht voneinander unterscheiden.

Diese Erkenntnis geht auf den deutschen Zoologen Ernst Haeckel (1834–1919) zurück. Ernst Haeckel stellte mit seinen Untersuchungen ein wichtiges biogenetisches Grundgesetz dar, welches besagt, dass jeder Mensch im Mutterleib die Entwicklung vom Fisch über die verschiedenen Stufen der Säugetiere bis hin zur Krone der Schöpfung durchläuft. Seine so genannte Haeckelsche-Skizze, galt einige Jahrzehnte als Eckpfeiler unseres Weltbildes. Weiterhin untermauerte er mit seiner Arbeit die Evolutionstheorie von Darwin.

Erst im Jahre 1997 brachten neue wissenschaftliche Erkenntnisse dieses verstaubte Weltbild zum Wanken. Michael Richardson vom St. Georgs Hospital untersuchte weltweit mit Kollegen die Embryonen erneut und deckte dadurch den Betrug auf. Er konnte beweisen, dass die Zeichnungen, mit denen Haeckel seine Theorie gestützt hatte, frei von menschlichen Embryos abgeleitet worden sind. Der Betrug fiel erst so spät auf, weil Embryologen seit Jahrzehnten keine vergleichenden Studien mehr durchgeführt haben.

So gesehen wirft das natürlich die Frage auf, wie verhält es sich dann mit der Behauptung, der Mensch stamme vom Affen ab? Nun, auch hier konnte die Wissenschaft mit anders lautenden Fakten aufwarten.

1998 entwickelte ein Forschungsteam aus Liverpool eine Computersimulation in der die Geheigenschaften eines Affen in Form eines Skeletts simuliert wurden. Lies man dieses Skelett wie ein Mensch laufen, fiel es nach einiger Zeit immer wieder um. Grund dafür waren der gekrümmte Rücken und die eingeknickten Knie. Würde der Mensch wirklich vom Affen abstammen (so die Evolutionstheorie), dann müsste es demnach noch ein Zwischenmodell zwischen dem Kriechgang des Affen und dem aufrechten Gang des Menschen geben.

Bis heute jedoch wurde nirgends auf der Welt dieser „Missing Link" gefunden. Ebenso interessant ist die Entdeckung, dass ein Mensch sich überhaupt nicht mit einem Affen kreuzen kann. Der Grund liegt nach neuesten Erkenntnissen in der unterschiedlichen Anzahl der Chromosomen. – In der Natur finden wir überall diese „natürliche Sperre".

Wird von Menschenhand dennoch gegen diese Sperre gehandelt, dann erhalten wir meist Mutationen, die drastisch und in der Regel tödlich verlaufen, so dass eine Vererbung im Sinne der Evolution gar nicht stattfinden kann. Es sei denn, diese Mutanten werden nicht zu Vererbungszwecken „gezüchtet". (Hierzu etwas später mehr).

Auch der mithilfe der Medien schwer vermarktete Fund des so genannten Neandertalers (genannt nach dem Tal Neander, in welchem das Skelett gefunden wurde) bestätigte letztlich eine durch Evolution bedingte Entwicklung des Menschen nicht.

Denn selbst der Genetiker Suante Pääbo musste im Jahre 2005, nachdem er aus den fossilen Knochen ein Stück aus dem Oberarm heraussägte und danach ein Erbgutsvergleich anstellte, feststellen, dass es zwischen dem Urmenschen

(also Neandertaler) und dem modernen Menschen doch erhebliche Unterschiede gibt. Allein in Abschnitt der Mitochondrien des Erbgutes wurden an 27 Stellen Unterschiede gefunden. Im Klartext bedeutet das, dass auch der Neandertaler als menschlicher Vorfahr ausfällt.
Womit wir quasi bei der Gretchenfrage sind: Wie entstand der Mensch?

Die Schulwissenschaft gibt uns darüber nur sehr schwammige Auskünfte. Erstaunlicherweise, zumindest für mich, bleibt als einer der wenigen Anhaltspunkte die Bibel übrig. Aus ihr erfahren wir: „Gott schuf den Menschen nach seinem Ebenbild".
Tja, leider ist es uns nicht möglich, mal schnell bei Gott vorbeizuschauen, um ihn diesbezüglich zu befragen.
Wohl aber können wir in den alten Schriften forschen. Zum Beispiel in denen der Sumerer. Interessanterweise wird die Schöpfungsgeschichte der Sumerer allgemein als Vorläufer des Alten Testaments aufgefasst, da die verschiedene Darstellungen der Bibel bereits auf den älteren sumerisch-babylonischen Tontafeln zu finden sind.
Der Orientalist Prof. Dr. Sitchin hat in mehreren Publikationen diese alten Aufzeichnungen wörtlich übersetzt und interpretiert. Demnach kamen die Anunnaki (Bewohner des zwölften Planeten unseres Sonnensystems) mit dem Himmelskörper Nibiru in unmittelbare Erdnähe. Interessant an dieser Übersetzung ist, dass die Sumerer diesen besagten zwölften Planeten kannten.
Unsere Wissenschaftler hingegen haben erst vor kurzem einen sehr großen Planeten hinter der Sonne ausgemacht – etwa den zwölften Planeten? –, den sie Planet X nennen.
Laut den sumerischen Aufzeichnungen kamen die Anunnaki auf unseren Planeten, um dort Gold abzubauen, welches sie zum Schutz ihrer Atmosphäre benötigten. (Seltsam, in

unseren Raumfahrtprogrammen werden Goldfolien zum Schutz der Sonden verwendet).

Weiterhin können wir aus den sumerischen Schriften (es sind eigentlich Tafeln) entnehmen, dass die Anunnaki nach ihrer Landung auf der Erde ihre erste Station in Mesopotamien errichteten, dem späteren Lebensraum der Sumerer.

Da die Goldgewinnung aus dem Persischen Golf nicht ergiebig genug war, begannen die Anunnaki mit dem Bergbau in Südafrika. Anscheinend jedoch war die tägliche harte Arbeit in den Bergwerken den Anunnaki zu mühsam, daher wurde beschlossen, einen einfachen Arbeiter zu schaffen. Dieses Geschöpf nannten sie „Admu" (Parallele zur Bibel „Adam"). Wörtlich übersetzt bedeutet Admu *„Erdling"*.

Wobei im Sumerischen ein Arbeiter oder Diener „Lu" genannt wird. Letztlich nannten die Anunnaki dieses Geschöpf nur noch „Lulu", was so viel wie „gemischt" bedeutet.

Auffallend bei diesen Übersetzungen ist die Übereinstimmung mit unseren wissenschaftlichen Erkenntnissen. Gemäß diesen kam der Mensch aus Afrika. Außerdem findet man gerade im südlichen Teil Afrikas antike Bergwerke, von denen keiner weiß, wer sie gebaut hat.

In Sitchins Werk „Enki" übersetzt der Orientalist die letzten 12 Tontafeln. Auf diesen berichtet Enki, der Kommandant der Erdmission, wie er ein bereits auf der Erde vorhandenes affenähnliches Geschöpf genetisch so umprogrammiert habe (Hinzugabe der eigenen DNS), dass letztlich eine neue Rasse entstand, der Mensch (Lulu). Genauer gesagt: „Ein Wesen nach seinem Ebenbild".

Natürlich habe ich mit Namir über dieses Thema lange Gespräche geführt. Anfangs meinte Namir, ich solle mir doch nur einmal die Frage stellen, wie es kam, dass die Menschheit praktisch aus dem Nichts den Sprung von Stammesgemeinschaften aus Jägern und Sammlern zu den prächtigsten Kulturen Ägyptens, Sumers, Chinas, der Inkas und der Olmeken schaffte.

Natürlich hatte ich auf diese Frage keine plausible Antwort. Den Grund meiner Unwissenheit sieht Namir darin, dass es der herkömmlichen Geschichtsschreibung zuwider ist, sich ernsthaft mit dem auseinanderzusetzen, was die Zivilisation über sich selbst zu berichten hat und die orthodoxe Archäologie als Anthropologie zu vertrauensselig ist, da sie das Evolutionsparadigma auf die Geschichte der menschlichen Kultur ausgeweitet hat, anstatt sich damit auseinanderzusetzen, was diese uralten Artefakte und Bauwerke zu sagen haben. Dennoch, so betont Namir, sprechen die Aufzeichnungen, die Monolithe und die Artefakte eine klare Sprache. Denn all diese Kulturen betrachten sich ausnahmslos als Erben einer älteren und weit fortschrittlicheren Kultur. Diese im Nebel einer fernen Vergangenheit angesiedelte Kultur war ein „Goldenes Zeitalter", in dem sich die „Götter" unter die Menschen mischten und deren Schicksal lenkten, in dem große technologische Wunderwerke vollbracht wurden und selbst die grundlegenden Aspekte von Anstand und Moral in Scherben lagen. Ein Zeitalter, in dem mit schrecklichen Waffen gewaltige Kriege gefochten wurden und die Menschheit von einer Katastrophe − dem jüngsten Gericht Gottes bzw. der Götter heimgesucht wurde.

Wir finden viele dieser Artefakte, dennoch bleibt es schwierig zu unterscheiden, welche Artefakte in die Kategorie „Erbe der Menschheit" fallen und welche als Kunstwerk anzusehen sind.

Hier quasi alle die interessanten Gegenstände fachmännisch und katalogisiert aufzuführen, würde den Rahmen dieses Buches sprengen. Dennoch möchte ich einige erwähnen, weil sie dieser Hochkultur und ihrem hohen technologischen Stand Konturen verleihen.

Einer dieser Gegenstände ist der so genannte Mitchell-Hedges-Kristallschädel. Dieser solide Quarzkristallschädel, der von der Tochter des britischen Archäologen F. A. Mitchell-Hedges in den 1920er Jahren bei Ausgrabungen in Britisch-

Honduras entdeckt wurde, ist, wie auch die große Pyramide von Gizeh, eines der ältesten, perfektesten und außergewöhnlichsten Artefakte der Welt. Der Schädel wurde bei Lubaantum entdeckt, einem wichtigen Zentrum der Mayas, das zwischen dem 8. und 9. Jahrhundert v. Chr. entstand. In den 1960er Jahren machte Anna Mitchell-Hedges den bekannten Kunstrestaurator Frank Dorland auf den Schädel aufmerksam. Dorland war maßgeblich an der Authentifizierung der „Schwarzen Madonna von Kasan" beteiligt.

Er erkannte sofort das für Kunstwerke recht untypische Problem des Schädels. „Es gab weder eine Legende, noch einen Mythos", noch eine Aufzeichnung oder sonst irgendetwas, das man als Anhaltspunkt hätte heranziehen können. Mit anderen Worten, die Maya waren ungewöhnlich schweigsam in Bezug auf dieses äußerst bemerkenswerte Kunstwerk – sofern es tatsächlich ein Kunstwerk war, denn der Schädel begann, sehr zum Erstaunen Dorlands, einige spezielle Eigenschaften zu zeigen.

Unter dem Mikroskop entdeckte Dorland unglaubliche, raffinierte Eigenheiten. In der Mitte des Gaumens zum Beispiel, weist der Schädel eine breite Fläche auf, ähnlich einem 45-Grad-Prisma. Diese Fläche leitet Licht, das von unterhalb des Schädels kommt, weiter in die Augenhöhlen.

Würde man also den Schädel auf einen Steinaltar mit einer Feuerkammer und einem Lichtloch unterhalb des Schädels stellen, so würden die flackernden Flammen in den Augenhöhlen zu sehen sein. Weiterhin bemerkte Dorland eine bandartige Fläche neben dieser flachen Ebene, die wie ein Vergrößerungsglas wirkt. Neben dieser Prismenfläche befindet sich ein natürliches bandförmiges Prisma. Dieses Band zieht sich durch den gut 15 Zentimeter dicken soliden Quarzkristall und weist keine Trübungen oder Einschlüsse auf. Betrachtet man einen Text durch ihn hindurch, so ist dieser nicht nur lesbar, sondern auch unverzerrt und leicht vergrößert.

Ebenfalls interessant für Dorland war, dass sich hinter diesem so bewusst geschliffenen Prisma, eine konkave und eine konvexe Fläche befindet, die das Licht bündelt und auf das 45-Grad-Prisma wirft, von wo es durch die Augenhöhlen austritt.

Den hinteren Teil des Schädels beschreibt Dorland als wunderschön, wie eine Kameralinse geformt, die das Licht einer beliebig hinter dem Schädel platzierten Quelle so bricht, dass es ebenfalls durch die Augenhöhlen austritt.

Spätere Untersuchungen des Schädels durch das Labor von Hewlett-Packard in Santa Clara, Kalifornien, brachten nur noch mehr Rätsel auf.

Dort stellte man fest, dass dieser einem menschlichen Schädel gleichende Quarzkristall, dessen Inneres, Prismen und bandförmige Schliffe aufweist, aus einem einzigen Stück Quarz geschnitten wurde, und zwar mit einem technischen Geschick, das heute seinesgleichen sucht.

Der Schädel wird umso interessanter, da seine hoch entwickelten optischen Eigenschaften möglicherweise in direktem Bezug zu der Technologie stehen, mit der die Pyramiden errichtet wurden.

Ein weiteres Artefakt, welches unsere heutige Wissenschaft vor ein nicht lösbares Rätsel stellt, befindet sich in Süd-Peru, genauer gesagt in Nazca. Dort gibt es eine Ebene mit riesigen Zeichnungen von Spinnen, Affen und Kolibris, die jedoch so groß sind, dass sie nur aus der Luft als solche erkennbar sind. Jüngste Forschungen durch die Astronomin Dr. Phillis Pitluga, leitende Wissenschaftlerin am Adler-Planetarium in Chicago zeigen auf, dass die abgebildete Spinne, ebenso wie die großen Pyramiden von Gizeh in Ägypten, ein irdisches Abbild des Sternbildes Orion darstellt.

Und wem diese schon zum Nachdenken anregenden Artefakte noch nicht genügen, dem gebe ich gerne noch ein Sahnestückchen obendrauf.

Nordöstlich von Mexiko City nämlich liegt die alte Stadt Teotihuacan. Auch da taucht wie aus dem Nichts heraus ein ausgereiftes astronomisches Wissen auf. Die von dem Ingenieur Hugh Harleston vorgenommenen Untersuchungen vor Ort zeigten, dass eine komplexe mathematische Beziehung die Hauptgebäude entlang der Straße zu den anderen Gebäuden verbindet. Diese Beziehung lässt etwas sehr außergewöhnliches vermuten, dass nämlich Teotihuacan möglicherweise ursprünglich als ein exakt maßstabgetreues Modell unseres Sonnensystems konzipiert worden war. Wenn man nämlich die Mittellinie des Quetzalcoatl-Tempels als Markierung für die Position der Sonne nimmt, dann scheinen die nördlich davon befindlichen Markierungen die korrekte Entfernung zu den inneren Planeten anzugeben: also zum Asteroidengürtel mit Jupiter, Saturn, Uranus sowie Neptun und Pluto.

Wenn demnach diese Wechselbeziehungen mehr als nur Zufall sind, dann beweisen sie, dass Teotihuacan über eine Astronomie mit fortschrittlichen Erkenntnissen verfügte. Um es genauer zu definieren, eine Astronomie, die von unserer modernen Astronomie erst vor relativ kurzer Zeit überflügelt worden ist.

Denn unsere Astronomen entdeckten Uranus erst 1787, Neptun 1846 und Pluto 1930. Im Gegensatz dazu steht, dass selbst die konservativsten Schätzungen im Hinblick auf das Alter Teotihuacans die Hauptgebäude des Geländes mindestens auf die Zeit um Christus zurückdatieren. Aber von keiner bekannten Kultur dieser Epoche, weder der Alten noch der Neuen Welt ist anzunehmen, dass sie etwas über die Existenz der äußeren Planeten wusste. Ganz abgesehen von den präzisen Kenntnissen über die Entfernung dieser Planeten zueinander und auch zur Sonne.

Angesichts dieses hoch entwickelten Wissensstandes wäre es meiner Meinung nach präziser, von einer „Wiederentdeckung" durch die moderne Wissenschaft zu sprechen.

So richtig platt war ich über das, was ich von Namir erfahren durfte. Laut seinen Berichten lebt in Südamerika ein uralter Eingeborenenstamm, die Aymaras, deren Sprache nach Einschätzung der Wissenschaft, als die Älteste der Welt gilt.

Laut Namir, wies in den 1980er Jahren der bolivianische Computerwissenschaftler Ivan Guzman de Rojas mehr durch einen Zufall nach, dass Aymara nicht nur sehr alt, sondern, und man staune hier, eine „künstliche" Sprache ist. Eine Sprache, die bewusst und höchst kunstfertig erschaffen wurde. Und nun kommt das Wahnwitzige: Diese synthetische und streng gegliederte Struktur lässt sich problemlos in einen Computeralgorithmus umsetzen, mit dessen Hilfe man dann eine Sprache in eine andere übersetzen kann.
Mittlerweile fungiert der Aymara-Algorithmus als „Brückensprache". Also, man übersetzt die Sprache eines Ausgangstextes ins Aymara und dann in „jede" beliebige Sprache.
Eine derartig konstruierte, algorithmische menschliche Sprache als Zufall abzutun, empfinde ich persönlich als Verhöhnung der menschlichen Intelligenz.
Natürlich ist die Annahme, dass, wenn es streng wissenschaftliche Korrelationen zwischen den alten Kulturen der *alten* und der *neuen* Welt gibt – nur logisch –, auch die Religionen dieser Kulturen Parallelen aufweisen. Allerdings erweisen sich derartige Verbindungen als recht schwierig. Die immer wiederkehrende Frage der Wissenschaftler lautet: Warum bildeten sich dann so viele hoch entwickelte Kulturen in so weit auseinander liegenden Regionen? Und auch noch in so vollendeter Perfektion?

Ich würde daraufhin die ultimative Frage nach der „gemeinsamen, uralten Quelle" stellen, womit wir wieder bei den Übersetzungen Sitchins wären. Sprechen denn nicht all diese Artefakte eine klare Sprache? Der alte Schöpfergott der Inka, Viracocha zum Beispiel, besitzt einige interessante Parallelen zum Mythos des ägyptischen Gottes Osiris. Und das, obwohl zwischen beiden Überlieferungen enorme Regionsunterschiede herrschen.

Aber:

- beide waren große Zivilisationsgründer;
- gegen beide wurde ein Komplott geschmiedet;
- beide wurden gestürzt;
- beide wurden in einem Behältnis eingesperrt;
- beide wurden anschließend in einen Fluss geworfen;
- beide landeten schließlich im Meer.

Alles nur Zufall?

Fakt ist, die archäologischen Beweise lassen darauf schließen, dass z. B. die Kultur des alten Ägyptens, wie auch die der Olmeken, praktisch in voll ausgereifter Form plötzlich da war, anstatt sich, wie es bei menschlichen Gesellschaften die Regel ist, langsam und mühselig zu entwickeln.
Tatsächlich scheint die Übergangsphase von *Primitiv* bis zu *Fortgeschritten* so kurz gewesen zu sein, dass dies aus historischer Sicht völlig unlogisch ist. Technologische Fertigkeiten, die zu entwickeln eigentlich hunderte, ja tausende von Jahren hätte in Anspruch nehmen müssen, tauchten quasi über Nacht ohne ersichtliche Vorgänger auf.

Aus den letzten Übersetzungen Sitchins „*Das Buch Enki*" erfahren wir, wie der Kommandant der Erdmission ein schon auf der Erde vorhandenes Geschöpf so umprogrammiert, indem er labortechnisch seine eigene DNA mit der DNA des Erdengeschöpfes kreuzt und somit quasi eine neue Rasse schuf. Nämlich den heutigen, modernen Menschen. Wie aber passt dieser „Lulu" (übersetzt gemischt) in die Zyklen der irdischen Natur? Jenes Geschöpf, welches vor seiner genetischen Kreuzung auf der Erde lebte, war sicher in diesen Kreislauf eingebunden.

Der genetisch manipulierte moderne Mensch jedoch wurde außerhalb dieser Zyklen erschaffen. Denn früh in der Evolution des organischen Lebens haben sich Tierreich (dort siedle ich jenes Wesen ein) und Pflanzenwelt in unterschiedliche Richtungen entwickelt. Seitdem läuft die Entwicklung parallel, jedoch nicht unabhängig voneinander. Pflanzen sind für die Tiere lebenswichtig, denn nur Pflanzen können Sonnenenergie durch Photosynthese speichern und den freien Stickstoff der Luft so binden, dass sowohl sie selbst als auch Tiere Energie gewinnen können. Gleichzeitig könnten aber auch Pflanzen nicht ohne Tiere existieren. Denn bei nahezu allen blühenden Pflanzen, und das sind fast alle höheren Pflanzen, ist die Befruchtung von Tieren, insbesondere von Vögeln und Insekten, abhängig. Ohne die Tierwelt könnten sie sich nicht fortpflanzen.

Ein guter Freund und überzeugter Bio-Landwirtschafts-meister lehrte mich weiterhin, dass abgesehen davon, zwischen Pflanzen und Tieren auf allen Gebieten des Lebens ein ewiger Zyklus besteht. Pflanzen nehmen Kohlendioxid auf, das in zu hoher Konzentration Tiere töten würde, und sie geben Sauerstoff ab, ohne den Tiere nicht leben können. Tiere wiederum atmen Sauerstoff ein und Kohlendioxid aus, das die Pflanzen brauchen. Tiere fressen Pflanzen und wandeln damit pflanzliches Material um, zum Beispiel einfaches pflanzliches Eiweiß in komplexeres tierisches Eiweiß. Tiere scheiden die Nährstoffe aus, die sie nicht direkt verarbeiten können. Sie fallen auf die Erde, wo sie als sofort verfügbare Nahrung wiederum von Pflanzen aufgenommen werden. Pflanzen ernähren Tiere, und Tiere ernähren Pflanzen. Das ist der grundlegende Zyklus der Natur, ohne den das Leben auf diesem Planeten aufhören würde zu existieren.

Wie aber passt der moderne Mensch in diesen Zyklus? Was ist sein Beitrag zu diesem Kreislauf? Ist er nicht eher ein Störfaktor, weil er nur nimmt ohne zu geben? Weil er nur zerstört und nicht mehr aufbaut? Weil er die Natur niederwirft, anstatt mit ihr zu leben? Oder hat es schlicht damit zu tun, dass der moderne Mensch nicht von der Erde und somit auch nicht in dessen Zyklen eingebunden ist?

Es gibt noch weitere Zyklen, die den unaufhörlichen Kreislauf der Elemente innerhalb der Erdatmosphäre kennzeichnen, aus denen der moderne Mensch herausgetreten zu sein scheint.
Nehmen wir nur einmal den Kreislauf des Wassers. Kurz gesagt verdunstet durch die Sonnenwärme Wasser aus dem Meer, den Seen, den Flüssen und auch dem Boden. Aber auch Tiere und Pflanzen geben in der Wärme Wasser ab. Dieses Wasser wird in der Atmosphäre durch Luftbewegungen transportiert. Dann bilden sich Niederschläge in Form von Regen oder Schnee, von denen ein geringer Teil wieder zurück ins Meer gelangt, der größte Teil jedoch auf die Erde fällt.
Nun trifft der Regen auf Boden, dort versickert er langsam. Etwas davon bleibt in der oberen krümeligen Schicht, so wie zum Beispiel Wasser in einem Schwamm. Der Rest sickert tiefer ein, bis er auf eine undurchlässige Schicht trifft. Dann sucht sich das Wasser unter der Erde einen Weg abwärts und gelangt vielleicht am Fuße eines Hügels wieder an die Erdoberfläche, bahnt sich einen Weg zu einem Fluss und gelangt so zurück ins Meer.
Das am Boden verbleibende Wasser hingegen dringt an die Oberfläche und verdunstet oder es wird von einer Pflanze

aufgenommen bzw. gelangt schon durch dessen Wurzeln dorthin. Das aufgenommene Wasser steigt nun in der Pflanze auf und transportiert dabei die wasserlöslichen Stoffe, welche im Boden aufgenommen wurden. Ein Teil dieses Wassers wird Bestandteil des Pflanzenmaterials und gibt die in ihm gelösten Nährstoffe an die verschiedenen Zellen der Pflanze ab. Das übrige Wasser, das nicht in das Pflanzenmaterial übernommen wird, wird durch die Stomata der Blätter (kleine Spaltöffnungen in der Blatthaut) ausgeschwitzt.

Ohne diesen Kreislauf des Wassers, vom Erdreich unter der Pflanze bis zum Himmel über ihr kann eine Pflanze sich weder ernähren noch wachsen, denn in Bezug auf ihre Ernährung sind Pflanzen ausschließlich von Wasser und den darin gelösten Nährstoffen abhängig.

Nun wieder meine Frage: Wie passt der moderne Mensch in diesen Kreislauf? Ist es nicht der moderne Mensch, der die Felder unentwegt mit giftigen Düngemitteln überschüttet, sodass das Wasser nicht mehr seine natürlichen Nährstoffe erhalten kann? Verunreinigt nicht der moderne Mensch Seen, Flüsse, ja ganze Meere mit seinem abgeleiteten Unrat? Ist nicht der moderne Mensch für den „sauren Regen" verantwortlich? Und somit auch für das Aussterben ganzer Tier- und Pflanzenarten? Nimmt er nicht auch hier nur, ohne wieder etwas zurückzugeben?

Und wie sieht es mit dem Stickstoffkreislauf aus? Schneidet da der moderne Mensch wenigstens gut ab?

Stickstoff ist ein Grundbestandteil aller Pflanzen und Tiere. Die Luft ist ein Gemisch aus Sauerstoff und Stickstoff, wobei die beiden Elemente nicht chemisch miteinander verbunden, sondern eben nur gemischt sind. Das heißt, dass der Stickstoff ein so genannter freier Stickstoff ist und damit auch die Möglichkeit hat, mit einem oder mehreren anderen Elementen eine chemische Verbindung einzugehen.

Höhere Pflanzen können jedoch freien Stickstoff nicht verwerten, sie brauchen ihn in Verbindung mit zumindest einem anderen Element. Beispielsweise entsteht durch die Verbindung von Stickstoff und Wasserstoff Ammoniak, das nach weiterer Umwandlung von Pflanzen verwertet werden kann.

Glücklicherweise, oder sollte ich sagen, dank der fein abgestimmten Harmonie, gibt es bestimmte Bakterien und Algen, die Stickstoff binden können, das heißt mit anderen Worten, sie können in Form von Verbindungen für höhere Lebensformen genutzt werden. Aber auch die ungeheure Energie eines Blitzes kann Stickstoff binden.

Die Bindung von Stickstoff durchläuft stets den gleichen Kreislauf. Pflanzen, Tiere, Mikroorganismen. Pflanzen, Tiere, ... usw. Kein Chemiker oder Biologe hat bisher eine Erklärung dafür gefunden, wie Tiere es fertig bringen, pflanzliches Material mit recht niedrigem Stickstoffgehalt in wenigen Stunden in Dung mit einem verhältnismäßig hohem Stickstoffgehalt umzuwandeln. (Hier erkennt man sehr deutlich, wie wichtig die Tiere sind.)

Und der moderne Mensch? Auch in diesem Zyklus beweist er wieder wie abgetrennt er von ihm ist und mit welcher Respektlosigkeit er selbstgefällig die Luft durch giftige Abgase verpestet. Wie kann das sein? Fragen über Fragen.

Gehen wir daher wieder zurück zu den Artefakten und hören wir ihnen zu.

Sie berichten uns von einer Kultur, deren Heimatplanet nicht die Erde war. Die aber offenbar über fortschrittliches physikalisches (auch optisches), astronomisches und mathematisches Wissen verfügte.

Diese Kultur war erstmalig in Nordafrika und Mesopotamien beheimatet. Allerdings verbreitete sich diese Kultur recht schnell über den gesamten Globus. Weiterhin sagen uns die vorhandenen Artefakte, dass sich eben diese Kultur durch eine Reihe von verheerenden Kriegen selbst aufspaltete.

Zumindest ein Teil dieser Kultur war von einer Ideologie besessen, sich mit ihrer Technologie und ihrer fortschrittlichen Wissenschaft vorwiegend negativen Zielen zu verschreiben, in dem Bestreben, andere Gesellschaften zu beherrschen. (Kommt Ihnen das nicht irgendwie bekannt vor?) Diese Kultur war in der Gentechnologie so weit fortgeschritten, dass es ihnen möglich war, ein auf der Erde bereits vorhandenes Wesen so zu manipulieren (DNA), dass letztlich daraus eine neue Rasse entstand: ein Lulu (Gemischter), der moderne Mensch.

Nur so lässt sich unsere emotionale Zugehörigkeit und unsere absolute Unzulänglichkeit den irdischen Zyklen gegenüber erklären.

Einerseits ist da noch etwas von dem Urwesen vorhanden, welches harmonisch in alle Zyklen integriert war. Anderseits jedoch spüren wir das Fremde, nicht der Erde zugehörende. Etwas in uns, das uns veranlasst, wie ein Eroberer über diesen Planeten herzufallen, ohne Rücksicht auf dessen Eigenheiten und ohne zu verstehen, welch hohe Intelligenz dieser Planet birgt.

Es ist nicht unsere Intelligenz, die uns auf diesem Planeten so einmalig macht, sondern die Tatsache, dass wir die Sprache dieses Planeten und dessen Intelligenz nicht verstehen.

Daher wäre es jetzt an der Zeit von unserem hohen Ross abzusteigen und zu lernen bzw. dem zu lauschen, was uns dieser wunderschöne Planet zu berichten hat.

Von wegen kalter Krieg

Wir befanden uns längst im Zeitalter der Cyborgs

Was haben wir uns in den 1970er-Jahren darüber aufgeregt, dass die Nato über eventuelle Nachrüstungen diskutierte. Und wie entsetzt waren wir über den Beschluss vom 12. Dezember 1979, dem so genannten „Nachrüstungs-Beschluss" – auch als Doppelbeschluss bekannt –, welcher die USA dazu ermächtigte, Ende 1983 ganze 572 neu entwickelte amerikanische Waffensysteme in 5 westeuropäischen Ländern zu stationieren. Dabei ging es um 464 Cruise Missiles, so genannte Flügelraketen, und 108 Pershing-II-Raketen. Sämtliche 108 Pershing-II-Raketen und etwa 96 Cruise Missiles sollten in der Bundesrepublik Deutschland stationiert werden.

Wir wussten, es handelte sich da um amerikanische Raketen, die ausschließlich dem Befehl des amerikanischen Präsidenten unterstehen. Die Bundesregierung hatte da kein Mitspracherecht, geschweige denn ein Vetorecht.

Der NATO-Beschluss war nur erforderlich, um den Amerikanern die Möglichkeit zu verschaffen, ihre neuen Raketen auf den Territorien westeuropäischer Staaten, vor allem aber der Bundesrepublik, zu stationieren.

Nur, um die schon damals vorhandenen, allerdings viel schwächeren Widerstände gegen den Nachtrüstungs-Beschluss in den betroffenen Ländern zu überwinden, willigten die USA in einen Verhandlungsteil des Beschlusses ein, daher der Name Doppelbeschluss, der allerdings im Unterschied zu dem Nachrüstungsteil weder konkrete Ziffern noch Termine nennt.

Tatsächlich haben die Amerikaner ja dann auch fast zwei Jahre lang überhaupt nicht und dann in einer Weise verhandelt, die auf ein planmäßiges Scheitern-Lassen der Gespräche rechtzeitig zum 1979 festgesetzten Stationierungsbeginn hin angelegt war.

Willy Brand warnte schließlich in den 1980er-Jahren davor, dass der Verhandlungsteil zum bloßen „Einwickelpapier" der Nachrüstung werden könnte. Demgegenüber hörte man aus den USA, dass diese, unabhängig vom Verlauf und Ergebnis der Verhandlungen, auf jeden Fall stationieren wollten und an einem Erfolg der Genfer Gespräche nicht interessiert seien, die Verhandlungen aber zur Beschwichtigung der westeuropäischen Öffentlichkeit quasi „pro forma" aufnehmen würden.

Inzwischen ist klar, warum die Haltung der USA damals so starr war. Ihnen ging es schlicht und ergreifend nur darum, die NATO-Stationierungszusage aufrecht zu erhalten. Zumal die im Gegenzug von der damaligen Sowjetunion neu entwickelten SS-20-Raketen amerikanisches Territorium überhaupt nicht haben erreichen können. Nein, die USA wollten eine beträchtliche Anzahl neuer Waffen stationieren, gleichgültig ob die sowjetische SS-20-Stationierung auf 0 reduziert wird oder nicht.

Interessant dabei ist, dass die SS-20 eine sowjetische Mittelstreckenrakete ist, deren Reichweite es erlaubt, Ziele in allen mit den USA verbündeten westeuropäischen Ländern zu treffen, nicht aber in den USA selbst.

Demgegenüber war die Stationierung von Pershing II und Cruise Missiles in Westeuropa nicht nur eine bloße Modernisierung, sondern eine völlig neue strategische Lage. Denn Aufgrund der geografischen Bedingungen waren in der Bundesrepublik stationierte Pershings und Cruise Missiles für die USA trotz kürzerer Reichweite nicht bloße Mittelstreckenraketen wie die SS-20, sondern unbestreitbar „strategische" Waffen, da mit Pershing-II-Raketen von deutschem Boden aus Schläge bis tief in die ehemalige Sowjetunion möglich waren. Mehr noch, bei einer Flugzeit von 5 bis 8 Minuten ermöglichten sie, praktisch ohne jede Vorwarnzeit, ein mehr als Erfolg versprechendes Unternehmen.

Somit hatte sich die USA mit seiner Pershing-II-Rakete aufgrund ihrer Flugzeit und ihrem Sprengkopf, der erst unter der Erde detoniert, um verbunkerte Befehlszentren mit Sicherheit zu zerstören, einen Standort gesichert, von wo aus der Feind Punktzielgenau angegriffen werden konnte.

Wann immer warnende Stimmen laut wurden, welche die Stationierung der neuen amerikanischen Mittelstreckenraketen in Westeuropa, vor allem aber in der Bundesrepublik, mit einem nuklearem Flugzeugträger bzw. einer Raketenabschussplattform der USA verglichen, wurde das scheinheilige Argument entgegengehalten, die Amerikaner stationieren die neuen Waffen doch nur auf Wunsch der Europäer.

Fakt jedoch ist, bei der Stationierung von Pershing II und Cruise Missiles in Mitteleuropa handelte es sich nicht um Zugeständnisse an die Bundesrepublik und ihre Nachbarn, sondern um das Kernstück einer neuen militärischen und politischen Globalstrategie der USA. Getreu dem Motto: Die USA müssen militärisch „überlegen" sein. Gleichgewicht und gleichberechtigte Koexistenz ist für sie auf Dauer nicht erträglich.

Ich habe Ihnen diesen Überblick deswegen ein wenig ausführlicher beschrieben, um auch jene Leser, die in dieser Zeit noch nicht politisch interessiert oder einfach noch nicht geboren waren, mit der damaligen Stimmung des Volkes und seiner einhergehenden Ängsten vertraut zu machen.

Bis weit in die 1980er-Jahre gab es immer wieder Proteste und Demonstrationen gegen diese Stationierungen. Letztlich – wie immer – ohne sichtbaren Erfolg.

Die eigentliche „Ohrfeige" allerdings spürten wir nicht einmal, da wir mal wieder, ohne es zu bemerken, nur Marionetten eines Bühnenstücks der „Elite" waren. Denn während wir uns hier auf der Erde über Pershing-II-Raketen und Cruise Missiles empörten, spielte sich im All, genauer gesagt auf dem Trabanten Mond, Science Fiction vom Feinsten ab. Denn am 26. September 1977 griff die damalige Sowjetunion die aus schwarzen Mitteln geförderte und im so genannten Kopernikus-Krater errichtete Mondbasis der USA mit „Laserwaffen" an. Das sowjetische Trommelfeuer hielt die ganze Nacht und den gesamten Tag des 27. Septembers an. Noch am selben Abend hatte Amerika die Schlacht verloren.

Kaum vorstellbar, ich weiß, denn auch ich hatte, als man mir davon berichtete, so meine Zweifel. 1977! Man bedenke, da war das Highlight in der Computerbranche der Apple II und zu Hause tippten wir auf einem Atari bzw. Commodore in der Programmiersprache Basic kleine Programme. Laser kannten wir nur aus Zukunftsfilmen. Eine Basis auf dem Mond?
Sinnigerweise lief gerade zu dieser Zeit eine Serie im Fernsehen, welche den Titel „Mondbasis Alpha" trug.

Mich interessierte jedoch auch brennend, wie es den USA überhaupt gelungen sein soll, eine Mondbasis aufzubauen, ohne dass irgend ein findiger Reporter davon Wind bekommen hatte. Jürgen (er möchte aus persönlichen Gründen nicht erkannt werden) gab mir darauf einige plausible Antworten. Von ihm erfuhr ich, dass etwa so um die 1973er-Jahre sämtliche Ureinwohner von Diego Garcia, einer Insel im indischen Ozean, durch die Amerikaner aus ihrer Heimat „entfernt" wurden.
Kurz darauf entstand auf dieser Insel ein neues Raumfahrtzentrum, von dem aus geheime Transportflüge zum Mond unternommen wurden, um dort eine Basis zu errichten. Sorgen, dass irgendwer etwas bemerken würde, mussten sie

sich keine machen. Denn Diego Garcia liegt sehr abgeschieden, und Flugobjekte, die sich ostwärts bewegen, fliegen für lange Zeit über Wasser hinweg, das so gut wie nirgends von Land unterbrochen wird.

Das Beobachten von Starts war daher nur von Schiffen aus möglich. Da jedoch der damalige Präsident Jimmy Carter öffentlich die Entmilitarisierung des indischen Ozeans unterstützte, genauer gesagt, die damalige Sowjetunion aufforderte, sich aus diesen Gewässern fernzuhalten, war auch in dieser Hinsicht keine Gefahr, entdeckt zu werden.

Allerdings war auch die ehemalige Sowjetunion nicht untätig. Sie konzentrierte sich weniger auf Mondflüge, sondern mehr um die Herstellung von Strahlenwaffen. Um diese auch im Einsatz zu testen, wurden die Waffeneinheiten einfach in das Saljut-Programm integriert.

Am 17. Juli 1973 wurde dann schließlich die sowjetische Kosmos 929, die aus einem Zwillingssatelliten, einer Kommando- und Versorgungseinheit und eben auch einer Partikelstrahleneinheit bestand, gestartet. Erstes Ziel war ein amerikanischer Spionagesatellit, der sich östlich von Südfinnland befand.

Der Satellit verwandelte sich, nachdem er getroffen wurde, in einen Feuerball, den man sogar noch in Helsinki erkennen konnte. Die Besatzungen von amerikanischen, britischen und französischen Fischkuttern, die kurz darauf von den Russen aus dem Beringmeer vertrieben wurden, glaubten ein UFO beobachtet zu haben.

Dieser von Erfolg gekrönter Test genügte der damaligen Sowjetunion, um kurze Zeit später, genauer gesagt am 26. September 1973 den Angriff auf die amerikanische Mondbasis zu befehligen.

Natürlich stellt man sich bei all dieser Technik die Frage, wie und wer finanziert diese gewaltigen Projekte? Abgesehen davon, dass sich so manches Budget auf relativ billige Art und Weise realisieren lässt, indem man sich Forschungsarbeiten der NASA zunutze macht und einen Teil der NASA zugeteilten Gelder einfach umleitet, gibt es immer wieder Firmen wie zum Beispiel das Unternehmen McCormick Foods, welches runde 17 Millionen Dollar quasi „übrig" hatte und diese in das Projekt sozusagen reinvestierte. (McCormick Foods steht übrigens unter dem Einfluss des Rockefeller Clans). Dann gibt es da noch den Umstand, dass es eigentlich drei stark forcierte bemannte Raumfahrtprogramme gibt: das der NASA, das der Russen und das der US-Luftwaffe.

Die US-Luftwaffe hat unabhängig von der NASA eigene Startrampen und eigene Montagewerke für Raumschiffe auf Merrit Island. Dieses Programm unterliegt der militärischen Geheimhaltung, während die NASA keinen Hehl aus ihren Aktivitäten macht.

Recht interessant ist auch, dass genau ab diesem Zeitpunkt weltweit hochkarätige Wissenschaftler spurlos verschwanden, genauer gesagt, über 60 Personen. Später dann in den 1980er- und 1990er-Jahren gipfelte dieses Phänomen in dutzende mysteriöse Selbstmorde unter den Spitzenwissenschaftlern. Wollte man da etwa verhindern, dass gewisse Projekte an die Öffentlichkeit geraten?

Wenn aber die fähigsten Köpfe mehr oder weniger freiwillig an diesem Projekt gearbeitet haben, dann dürfte allein das Wissen, welches die Wissenschaftler mit eingebracht haben, in der freien Wirtschaft ein Vermögen darstellen.

Ja, und dann gibt es da noch eine wirklich dunkle Ecke, in die sich keiner so richtig hineinwagt, der nicht sowieso schon darin gefangen ist. Es ist die dunkle Geschichte der Nachkriegszeit in der die alliierten Siegermächte wie die Heuschrecken dicht hinter den kämpfenden Truppen alles beschlagnahmten, was irgendwie nach einem Patent aussah. Alles, wirklich alles, was diesen Herren in die Hände fiel, wurde eingepackt und mitgenommen. Egal, ob es sich dabei um fertige Geräte bzw. Apparate oder um wissenschaftliche Unterlagen oder Blaupausen handelte. Ja, selbst die an dem einzelnen Projekt beteiligten Wissenschaftler und Ingenieure wurden abtransportiert.

Damit bekam die USA sozusagen die Crème de la Crème, und so erhielten die USA auch die klügsten Köpfe der NS-Raketenwissenschaftler samt ihrer Technologie.

Und es überrascht auch nicht, dass der wahre Ursprung der Bündelrakete in Deutschland liegt, wo im Jahre 1942 die Idee aufkam, fünf V2-Raketen zusammen zu bündeln und gleichzeitig abzufeuern, um somit eine höhere Hubleistung und Reichweite zu erreichen.

Interessant an der ganzen Sache ist, dass die Vereinigten Staaten das einzige Land unter allen Großmächten war, welches durch den Krieg reicher statt ärmer wurde. So besaßen die Amerikaner am Ende des Krieges Goldreserven im Wert von 20 Milliarden Dollar, was beinahe zwei Drittel der gesamten Goldreserven der Welt ausmachte. Mehr als die Hälfte der Industrieproduktion der Welt kam aus den USA. Außerdem waren Die Vereinigten Staaten 1945 auch Exportweltmeister.

Ganz anders zum Beispiel sah es in der ehemaligen Sowjetunion aus; ihr Sieg über Deutschland hatte sie quasi ruiniert. Auch Großbritannien war finanziell und wirtschaftlich völlig erschöpft.

Wie war das möglich?

Ganz einfach. Die USA schufen recht schnell nach Ende des 2. Weltkrieges ein ergänzendes *„Beschlagnahmegesetz"*, welches ihnen ermöglichte, „legal" insgesamt 50.000 Patente anzumelden, darunter auch solche, die Staatsangehörigen von im Krieg durch Achsenmächte besetzten Ländern, etwa Frankreich, Holland oder Belgien, gehörten. Hinzu kommen noch an die 500.000 Copyrights für deutsche

Bücher. Selbst uramerikanische Firmen wie Standard Oil wurden vom Patentklau in Mitleidenschaft gezogen.

Dadurch erhielten die USA auch Patente von dem Unternehmen I.G. Farben, welches zu dieser Zeit erhebliche Fortschritte auf dem Gebiet der Herstellung von künstlichem Kautschuk erzielt hatte.

Allerdings stellten die USA recht schnell fest, dass sie die deutschen Wissenschaftler ebenso dringend brauchten, da die erbeutete Technologie für sie viel zu neuartig war. Dies führte dazu, dass die einzelnen Truppenverbände beauftragt wurden, die deutsche *Intelligenzschicht* an einer etwaigen Flucht ins Ausland zu hindern.

Als einen ihrer ganz großen Fänge bezeichneten die USA die Gefangennahme von Dr. Werner Osenberg (ehemaliger Chef des Reichsforschungsrats) samt 150 seiner engsten Mitarbeiter. Denn auf diesem Weg kamen die Vereinigten Staaten in den Besitz von Listen, auf denen die Namen von rund 15.000 der führenden deutschen Wissenschaftler und Techniker verzeichnet waren. Das wiederum führte dazu, dass die Amerikaner sich alle der auf den Listen aufgeführten Angehörigen der geistigen Elite sozusagen einverleibten.

Man kann also getrost sagen, die USA verdanken ihren Aufstieg zur globalen Technologiesupermacht zu einem beträchtlichen Teil deutschen Patenten und Erfindungen. Es ist kaum vorstellbar, wie unsere Welt aussehen würde, wenn es nicht nach Kriegsende zum größten „Diebstahl" geistigen Eigentums aller Zeiten gekommen wäre, wenn man dabei bedenkt, dass bereits 1945 die wissenschaftlichen Errungenschaften der Deutschen, den anderen Staaten gegenüber um gute 10 Jahre voraus war.

In welch gigantischem Ausmaß Deutschland ab 1945 von den Siegermächten um seine wissenschaftlichen und technischen Errungenschaften gebracht worden ist, wurde bis heute unter den Tisch gekehrt. Denn neben den Amerikanern waren die Russen die Nation, die von der deutschen Nachkriegsbeute am meisten profitieren konnte, wenngleich ihr Ansatz von dem der USA beträchtlich abwich, zumal die Vereinigten Staaten doch recht zielsicher und mit System vorgingen.

Die so genannten „Magier" unter den Wissenschaftlern wie die Physiker Georg Goubau, Günter Gutwein, Georg Hass, Horst Kedesky und Kurt Levovec (Tscheche), die physikalischen Chemiker Prof. Rudolf Bril und die Doktoren Ernst Baars und Eberhard Both, der Geophysiker, Dr. Helmut Weickmann, der technische Optiker Dr. Gerhard Schwesinger und die Elektroingenieure Dr. Eduard Gerber, Richard Günther und Hans Ziegler wurden speziell aussortiert und als „Spezialtruppe" für außergewöhnliche Projekte eingesetzt. (Wie zum Beispiel die Errichtung und Inbetriebnahme des Raumfahrtzentrums in Diego Garcia). Was ihnen dadurch auch den anderen Staaten gegenüber einen gewaltigen technischen Vorsprung verschaffte.

Fassen wir doch einmal zusammen:

- Gelder, welche eigentlich für die NASA bestimmt sind, werden in andere *dunkle* Kanäle umgeleitet.
- Sponsoren, überwiegend aus dem Rockefeller-Clan, reinvestieren.
- Die geistige Elite, genannt „die Magier", werden als Nachkriegsbeute für geheime Projekte rekrutiert.
- Unmengen von Patenten, Prototypen, Plänen und Blaupausen werden nach Kriegsende durch ein eigens dafür geschaffenes „Beschlagnahmungsgesetz" den Deutschen geraubt.
- Spitzenwissenschaftler aus der ganzen Welt verschwinden spurlos bzw. eine mysteriöse Selbstmordwelle durchläuft in den 1980er- und 1990er-Jahren die Elite der Wissenschaftler.
- Unbestritten bleibt die Tatsache, dass die Errungenschaften der Deutschen Wissenschaft bereits 1945 den anderen Staaten gegenüber um gute zehn Jahre voraus war.

Angesichts dieser Entwicklungen erscheint die Möglichkeit, dass die USA bereits in den 1970er-Jahren eine Mondbasis unterhalten haben, überhaupt nicht mehr abwegig, eher schon realistisch.
Es bleibt lediglich noch die Frage offen, warum niemand zufällig diese Aktivitäten auf dem Mond beobachtet hatte (z. B. Hobbyastronomen).

Gehen wir davon aus (und das müssen wir, da sich der besagte Kopernikus-Krater auf der Schattenseite des Mondes befindet), dass sich alle Aktivitäten auf der dunklen Seite des Mondes abspielen, dann erklärt sich auch, warum bislang niemand etwas Außergewöhnliches auf dem Trabanten entdecken konnte. (Wir sehen immer die gleiche Seite des Mondes, egal an welchem Ort wir uns gerade auf der Erde befinden. Das ist möglich, weil sich der Mond nicht um seine eigene Achse, sondern um den Mittelpunkt seiner Umlaufbahn dreht).

Allerdings gab es in der Vergangenheit doch einige Berichte über seltsame Mondblitze bzw. Lichterscheinungen:

Wie z. B. 1946; da berichtet N.J. Giddings in Ausgabe 104 der Zeitschrift „Science" über massive Lichtblitze, die er mit bloßem Auge auf der Mondoberfläche wahrnehmen konnte.

1949 wiederum schrieb Frederick Vreeland in „Popular Astronomy" Nr. 57, über eine helle Lichterscheinung, die er während einer Mondfinsternis auf dem verdunkelten Teil des lunaren Körpers entdeckte.

Dann, 1955, schilderte Daniel Logue im „Strolling Astronomer", Ausgabe Nr. 8, wie er am 5. Januar 1955 über eine halbe Stunde ein helles blaues Licht auf der Mondoberfläche beobachten konnte.

Ebenfalls im „Strolling Astronomer" berichtete Robert Adams 1956 in Ausgabe Nr. 10 über die Beobachtung seines Namensvetters Robert Miles. Der hatte am 16. Januar 1956 ein weißes Licht auf unserem Trabanten entdeckt, das dort über eine Stunde lang auf und ab blinkte und sich dabei allmählich blau verfärbte.

Am 28. Dezember 1963 wiederum bemerkte Y. Yamada zusammen mit sechs weiteren Zeugen für eine gute halbe Stunde einen pinkfarbenen Sektor im Krater Aristarchus. Seine Beobachtungen wurden 1964 in Ausgabe Nr. 22 des *New Scientist* veröffentlicht.
Und am 25. April 1972 gelang es Rainer Klemm aus Passau, eine mehrere Minuten andauernde „Lichtfontäne" im Aristarchgebiet fotografisch festzuhalten. Ein detaillierter

Bericht über seine Beobachtung erschien 1972 in Ausgabe 8/9 der Fachzeitschrift „Sterne und Weltraum".

Zu meinem größten Erstaunen stellte ich weiterhin fest, dass die NASA in den 1970er-Jahren bereits eine offizielle Zusammenstellung lunarer Phänomene publizierte. Dieser Katalog enthielt über 500 Aufzeichnungen derartiger Beobachtungen.
Alles nur Fantasie? Weltuntergangsverschwörung?
Ich denke nein, denn selbst der kritischste Leser dürfte mittlerweile ins Grübeln gekommen sein, sprechen doch die Fakten und Aufzeichnungen eine klare Sprache.

Allerdings möchte ich noch eine weitere Ecke beleuchten, die uns auf der einen Seite mehr Klarheit verschafft, aber auf der anderen Seite wiederum zeigt, wie kurz wir mit der Wirklichkeit („Wahrheit") gehalten werden:
Ich meine hiermit die „Apollo Missionen", genauer gesagt jene, an der Neil Armstrong beteiligt war. In einem NASA-Symposium äußerte er sich nämlich auf die Frage der Vorbereitung auf dem Trabanten mit den Worten:

„Man hatte uns tatsächlich gewarnt" und *„Auf der Erde durfte keinesfalls eine Panik ausbrechen, aber es ging wirklich ganz schnell, und schon waren wir wieder daheim auf der Erde".*

Sehr interessant in diesem Zusammenhang ist auch folgender Dialog zwischen dem Kontrollzentrum und der Apollo-11-Besatzung:

- Kontrollzentrum: *„Was ist los?"* ... Störung (unverständlich)
- Kontrollzentrum ruft Apollo 11 „..."

- Apollo 11: *„Diese Dinger sind riesig, Sir – riesig – mein Gott das ist unglaublich."*

Alles das deutet klar darauf hin, dass irgendwas da oben geschah, von dem die Öffentlichkeit nichts erfahren durfte. Untermauert wird die ganze Sache noch durch die Aussage von Aldrin:
„Es war unfassbar ... und dann noch die ganze Scheiße, die sie da berichtet haben, alle haben es geglaubt."

Nicht gerade Werbeslogans für die Raumfahrt, finden Sie nicht auch? Oder doch alles nur wirres Geschwätz? Erfundene Geschichten?

Nun, ich kann Ihnen nur Ereignisse, Berichte und Fakten anbieten. Sie sozusagen auf den „roten Faden" aufmerksam machen. Ihn dann auch tatsächlich aufzunehmen, das muss ich Ihnen selbst überlassen. Aber lassen Sie mich das ganze „Dilemma" doch mal auf die heutige Zeit projizieren.

Wir haben in den letzten Jahrzehnten einen gewaltigen technischen Sprung nach vorne erlebt. In Bereichen wie der Technik, Chemie, Physik, Optik, Akustik, Mathematik, Astrophysik usw. wurden wahre Wunder vollbracht.
Wenn wir jetzt also davon ausgehen, dass bereits in den 1970er-Jahren eine von den USA errichtete Mondbasis existierte, dann müssen wir gleichsam einräumen, dass die wissenschaftlichen Erkenntnisse der Erbauer dieser Basis ebenfalls weiter vorangeschritten sind. Allerdings auf einem weitaus höheren Level angesetzt. Was uns quasi wieder in die Situation bringt, wie wir sie bereits in den 1970er-Jahren erlebt haben. Denn damals waren Laserwaffen und eine Mondbasis für uns Science Fiction, heute sind es so genannte „Cyborgs" (kybernetische Organismen).

Diese Erscheinungen haben einen „geschlossenen Kreislauf" und sind halb Mensch, halb Maschine. Ihr Herz und andere Organe wurden durch künstliche Einheiten ersetzt. Sie brauchen weder Nahrung noch Flüssigkeit, da sie ein körpereigenes Energieversorgungssystem besitzen. Nervlich sind sie unendlich belastbar, aber vollkommen gefühllos. Diese Kreaturen sind derart verändert, dass sie nie mehr wieder in die menschliche Rasse integrierbar sind.

Science Fiction?

Wie aber verträgt sich diese Auffassung mit der Aussage des Cambridge-Physiologen Lord Rothschild vor Wissenschaftlern am Weizman-Forschungsinstitut in Israel aus dem Jahre 1967? Nämlich, dass er derartige Eingriffe schon in naher Zukunft für durchführbar halte. Diese Aussage liegt mittlerweile über ein Vierteljahrhundert zurück! Glauben Sie allen Ernstes, seitdem hat sich nichts mehr auf diesem Sektor getan?

Schön wär's. Denn bereits 1977 gelang es der Universität Utah in Salt Lake City, Menschen zu klonen. In den 1980er-Jahren entstand dann eine Cyber-Fabrik in der Nähe von Mount Hood, etwa 100 km östlich von Portland, Oregon.

Anscheinend achtet man beim Standort dieser Fabriken auf stabile geomagnetische Felder, da ansonsten der Prozess gefährdet war.

Von wegen also alles nur Science Fiction.

Ich selbst bin zu dem Schluss gekommen, dass die ganzen Gen- und CyborgProjekte nichts anderes mehr darstellen, als das Niederreißen der letzten Grenze zu einer totalitären Weltherrschaft.

Längst vergangen ist die Zeit, als das menschliche Leben noch als eigene Persönlichkeit und eigener Wert betrachtet wurde. Diese „phantasievollen" Wissenschaftler, die im Sold der Elite stehen, sind mittlerweile fast blind geworden. Das einzige, was sie noch deutlich vor Augen haben, ist die

Macht ihrer eigenen Visionen. Sie sehen Leben als „Rohmaterial" an, als „maximale Energienutzungskapazität" und als „Kontrollvorrichtung" zur Ausdehnung ihrer Herrschaftsbestrebungen. Leben und Intelligenz erscheint ihnen als formbar, sozusagen als ein unbegrenzter Tiefenkontrollmechanismus, der sogar auf atomarer Ebene mit Technologien wie molekularer Robotertechnik und Nanotechnik koppelbar ist.

Um es mit anderen, einfachen Worten zu sagen. Diese Gestalten sehen Leben als „Sklavenenergie" an, die nach Belieben formbar und reproduzierbar ist, formbar in Körpern und Körperschaften, und dabei selbst als unterwürfige Genies die Launen der Elite manifestieren.

Soll so die Zukunft Ihrer Kinder und Kindeskinder aussehen? Alles nur „Angstmache"? Denken Sie noch einmal in Ruhe über alles Erfahrene nach und vergessen Sie dabei niemals, auch wenn es fünf vor zwölf sein mag, dass dennoch gilt:

Wir, die Menschen, sind das Volk!

HAARP
Das wichtigste Glied im SDI-Programm

Das Ozonloch ist lediglich ein störender Nemeneffekt

Irgendwann konnte ich die Fragen nicht mehr hören: *Ist in Deinem Haarspray auch wirklich kein FCKW? Denk an das Ozonloch!* Oder: *Nimm lieber das Spray mit der Pumpvorrichtung!* – Was war geschehen?

1985 schreckte uns Bürger die Nachricht: *„Riesiges Ozonloch in der Antarktis entdeckt"* aus unserem Alltag. Schuld an dieser Katastrophe, so sagte man uns, sei die Verwendung von FCKW. Begriffe wie Ozon oder FCKW, die bis dahin hauptsächlich von Wissenschaftlern benutzt wurden, waren plötzlich in aller Munde. Kaum einer wusste wirklich, was FCKW bedeutet, und schon gar nicht, wie dieser Stoff die Ozonschicht schädigen könnte.

FCKW oder ausgesprochen *„Fluorchlorkohlenwasserstoffe"* sind Kohlenwasserstoffe, bei denen Wasserstoffatome durch die Halogene Chlor und Fluor ersetzt werden. Sie sind eine Untergruppe der Halogenkohlenwasserstoffe. Sehr beständig, unbrennbar, geruchlos, farblos und oft ungiftig bzw. mit nur geringer Toxizität.

Ihre Laufbahn begannen *„die FCKW"* in den 1920er-Jahren, in denen Thomas Midgley bei General Motors die ersten FCKW synthetisierte. Bereits 1930 wurden die FCKW technisch hergestellt und zunehmend als Kältemittel in Kältemaschinen, als Treibgas für Sprühdosen, als Treibmittel für Schaumstoffe und als Reinigungs-Lösungsmittel eingesetzt. Diese niedermolekularen wasserstofffreien FCKW gelangen jedoch aufgrund ihrer chemischen Stabilität und großen Flüchtigkeit in die Stratosphäre und reagieren mit der

Ozonschicht. Genauer gesagt, sie zerstören die Ozonschicht und geben somit harten UV-Strahlen den Weg bis zur Erdoberfläche frei. Diese Strahlen wiederum schädigen jegliches Leben auf der Erde (Pflanze, Tier und Mensch).

Bereits 1987 wurde von den Vertragsparteien des „Wiener Übereinkommens" eine drastische Reduktion der Herstellung von FCKW unterzeichnet. Dieser Beschluss trat am 01. Januar 1989 inkraft. Am 29. Juni 1990 wurde er dann durch die „Londoner Konferenz" erweitert. Die Vertragsparteien einigten sich darauf, bis zum Jahre 2000 die Herstellung von Fluorchlorkohlenwasserstoff zu stoppen.

Sicherlich wird nun der Eine oder Andere fragen:
Wo genau befindet sich denn eigentlich die Ozonschicht?

Fangen wir doch einfach einmal auf „Meereshöhe" an: Bekanntlich wird sie mit dem Nullpunkt gemessen. Über der Meereshöhe befindet sich die „Troposphäre". Diese reicht bis in eine Höhe von 9 km. Danach, bis in eine Höhe von etwa 10 km, kommt die so genannte „Tropopause". (In dieser Höhe fliegen unsere Flugzeuge). Nach der Tropopause erstreckt sich die „Stratosphäre" bis 40 km weiter nach oben. In dieser Höhe etwa fliegen Überschallflugzeuge und kreisen unsere Radiosonden. Dazwischen aber, ungefähr ab 20 km bis weiter zu 40 km befindet sich die „Ozonsphäre" (Ozonschicht).
Nach der Stratosphäre, ab einer Höhe von 50 km finden wir die „Stratopause" (In dieser Höhe sehen wir leuchtende Nachtwolken). Die „Mesosphäre" wiederum befindet sich noch weiter oben, etwa bei 70 km. In 80 km Höhe wiederum kommt dann die „Mesopause", der dann ab 100 km die „Thermosphäre" folgt, die bis 200 km nach oben reicht. Nach der Thermosphäre beginnt die Exosphäre. Dort, in einer Höhe von 400 km fliegen zum Beispiel Raumschiffe;

Satelliten hingegen auf 600 km. Aber auch das Polarlicht entsteht in der Exosphäre (auch Ionosphäre genannt), allerdings in der beträchtlichen Höhe von gut 650 km.

So, nun wissen wir, die schützende Ozonschicht befindet sich in der Ozonsphäre in 20–40 km Höhe. Wie aber kann FCKW die Ozonschicht zerstören?

Nun, *die FCKW* steigen bis in die Ozonschicht und spalten dort durch die starke UV-Strahlung Chloratome ab. Diese entreißen dem Ozonmolekül ein Sauerstoffatom und oxidieren dann zu Chloroxid. Das entstandene Chloroxid zerfällt danach wieder in ein Chloratom und Sauerstoff.

Da das Chlor nach dieser Reaktion wieder unverändert vorliegt, kann es erneut Ozonmoleküle angreifen. Auf dieser Weise kann ein einziges Chloratom bis zu 100.000 Ozonmoleküle zerstören.

Kommen jedoch keine störende FCKW mehr hinzu, dann erholt sich die Ozonschicht durch meteorologische Einflüsse, also durch die Temperaturabhängigkeit der Ozon abbauenden, chemischen Reaktionen. Allerdings in unterschiedlichen Schwankungen von Jahr zu Jahr und nicht stetig, aber doch sichtbar. Demnach müssten wir heute, 18 Jahre später, eine sichtbare Verbesserung der Ozonschicht registrieren können. Oder?

Fassen wir einfach mal zusammen was wir wissen:

- In den 1920er-Jahren wurden FCKW zum ersten Mal synthetisiert.
- Ab den 1930er-Jahren wurden FCKW technisch hergestellt und in vielen Bereichen verwendet.
- 1985 berichteten die Medien zum ersten Mal von einem Leck in der Ozonschicht.
- Bereits 1987 kam es aufgrund des Wiener Abkommens zur drastischen Reduktion der Herstellung von FCKW.
- 1989 wiederum einigten sich die Vertragsparteien in der Londoner Konferenz, bis zum Jahre 2000 die Herstellung von FCKW zu stoppen.
- Seit 2000 werden keine FCKW mehr hergestellt bzw. sind keine FCKW mehr im Umlauf.
- Seit diesem Stopp sind **über 18 Jahre** vergangen.

So betrachtet *muss* sich die Ozonschicht für uns *sichtbar* erholt haben. Oder nicht? Schauen wir mal, was diejenigen darüber berichten die es wissen müssten, nämlich die europäische Weltraumbehörde ESA.

Bericht der ESA aus dem Jahre 2017, welcher in Rom bekannt gegeben worden ist:

- **Das Ozonloch über dem Südpol hat die Dimensionen der traurigen „Rekord Massen" von vor sechs Jahren erreicht.**

- **Der Verlust von „40 Millionen Tonnen" übersteigt den negativen Rekord vom Jahr 2000. Das Ozonloch umfasst mittlerweile eine Fläche von „31 Millionen Quadratkilometern", und ist demnach so groß wie „die USA und Russland zusammen".**
Hoppla, was haben wir denn da nicht mitbekommen?

Die „Übeltäter", nämlich *die FCKW,* welche ja auch nachweislich die Ozonschicht schädigen, wurden doch bereits im Jahr 2000 ausgeschaltet! Wie also kann es sein, dass sich das Ozonloch nicht zurückzieht, sondern ausbreitet? Wer spielt da wieder mit „gezinkten" Karten?

Wer sich schon einmal ein wenig mit dieser Thematik beschäftigt hat, kommt bei dieser Frage recht schnell auf das so genannte „Haarp-Projekt" *(High-frequency Active Auroral Research Programm).* Auftraggeber dieses „Monsterprogramms" ist die US Navy bzw. Air Force (wer denn sonst?). Ihren Stützpunkt haben sie in Gakona, ca. 230 Meilen südlich von Fairbanks und 320 km nordöstlich von Anchorage in Alaska, USA. „Offiziell" beschäftigt sich das Haarp-Projekt mit der Erforschung der „Aurora".

Die Aurora Boreales ist ein Naturphänomen, das entlang eines schmalen Streifens um den Nordpol erscheint. Ein großer Teil der Northwest Territorien liegen in dieser Zone, in der die Lichter häufig direkt über unserem eigenen Kopf bewundert werden können. Der Schein der Aurora wandelt sich schnell. Manchmal erscheint sie als schwacher Schein, ähnlich der Milchstraße in einer dunklen Nacht. Schon wenige Minuten später kann sie dramatisch strahlen und die ganze Landschaft erhellen. Diese Erscheinungen werden durch einen ungewöhnlich schweren Ansturm von Partikeln auf den Sauerstoff in die Atmosphäre hervorgerufen.

Weiterhin beschäftigt sich das Haarp-Projekt nach eigenen Angaben mit „Erdtomografien". Der Begriff Tomografie kommt aus der Medizin und bedeutet, dass man tiefer liegende Schichten bildlich sichtbar machen kann. Genauer genommen macht Haarp das Innere der Erde sichtbar, um z. B. Hohlräume bzw. den Aufbau der Erde zu erforschen.
Klingt eigentlich nicht beunruhigend, finden Sie nicht auch?
Zudem ist das Haarp-Projekt, entgegen vieler gleich lauten-

der Publikationen, nicht geheim. Aber schauen wir mal hinter die *öffentlichen* Kulissen.

Eigentlich begann der ganze Haarp-Wahnsinn bereits in den 1930er-Jahren. Da schlugen Wissenschaftler vor, den Nachthimmel durch Elektronengyotron (Erwärmung mithilfe einer starken Sendeantenne) zum Leuchten zu bringen.

1952 misst W.O. Schumann die Resonanzfrequenz der Erde. Sie beträgt 7,83 Hertz!
1958 entdeckt Van Allen den nach ihm benannten Van-Allen-Strahlengürtel in über 3.500 km Höhe. Was daraufhin die USA veranlasste, geschwind mal einige „Tests" im Südatlantik durchzuführen. Am 27. August 1958 wurde eine 1 Kilotonne wiegende Bombe in einer Höhe von 200 km gezündet und eine weitere, ebenso schwere, in einer Höhe von 250 km.
Am 30. August gleichen Jahres wurde dann eine dritte Bombe in 500 km Höhe und am 6. September wiederum noch eine in 800 km Höhe gezündet.
Im Anschluss an das Projekt „Argus" (so wurden die Tests genannt) zündeten die USA doch tatsächlich eine „1,4-Megatonnen-Bombe" von Johnson Island aus, die dann in einer Höhe von 500 km explodierte.

Aber auch die ehemalige Sowjetunion sah sich genötigt, in dieser Richtung zu testen. Ihr „Superwurf" war, und jetzt halten Sie sich fest, eine „1-Plus-Megatonnen-Bombe" welche von Sibirien aus gestartet wurde und in einer Höhe von 500 km explodierte.

Begründet wurden diese Irrsinns-Tests mit den Worten, man wolle die Möglichkeiten der Wetterbeeinflussung durch Manipulation der Ladung der Erde und des Himmels erforschen. Das Ergebnis allerdings war verheerend (wie immer). Durch die Atombombentests hatten sich zwei starke „Strahlengürtel" um die Erde herum gebildet. Der Van-Allen-Strahlengürtel wurde ebenfalls erheblich gestört. Einziger Kommentar der Verantwortlichen war: „Das kostet uns jetzt in der Raumfahrt mehrere Millionen Dollar". Grund für diese „hohle" Bemerkung war, dass der einzig wirksame Schutz gegen diese Strahlen Blei sei. Das wiederum macht ein Raumschiff zu schwer. Daher mussten von nun an Schiffe mit strahlungsempfindlicher Fracht (lebende Organismen), in steilere und weit kostspieligere Flugbahnen gebracht werden, als es ursprünglich nötig war, um sie die Van-Allen-Gürtel passieren zu lassen. Die Meteorologen hingegen wunderten sich, denn in den 1960er-Jahren beobachteten sie zahlreiche außergewöhnliche Wetterkatastrophen.

1961 schließlich werden „Kupfernadeln" in die Ionosphäre gebracht, um so ein Telekommunikationsschild zu erzeugen. Klar, dass das prompt Folgen hatte, denn das Kupferschild brachte das Magnetfeld unseres Planeten durcheinander, was wiederum zu schweren Erdbeben bis zu einer Stärke von 8,5 auslöste. Allerdings störte das die USA und auch die ehemalige Sowjetunion nicht besonders, denn bereits ein Jahr später jagten Sowjetunion und USA große Mengen elektromagnetischer Pulse in die Atmosphäre (ca. 300 Megatonnen Nuklearmaterial). Die Folge darauf war: Die Ozonschicht verringert sich um 4 % ... Was soll`s ... Hauptsache, man hat irgendwelche Ergebnisse erhalten ...

Und weiter ging der Wahnsinn.
1965 wurde im Rahmen des Projekts „Sanguine" im Staat Wisconsin von der US-Marine eine „ELF-Antennenanlage" errichtet. Im selben Jahr warnt General Thomas M. Power vor einem möglichen Angriff durch russische Orbitalstationen, die mit Kernwaffen ausgerüstet wären.

Dass er mit seiner Sorge gar nicht so falsch lag, bestätigte einige Jahrzehnte später herausgegebener Bericht der Nachrichtensendung CBS aus dem Jahre 1981. Da wird bestätigt, dass bereits in den 1960er-Jahren russische Raumstationen die Erde umkreisten und mit Killer-Satelliten bewaffnet waren.

Um einen möglichen Kernwaffenangriff frühzeitig erkennen zu können, wurde eigens dafür eine Anlage in Alaska errichtet. Zusätzlich sollte in dieser Anlage die Aurora untersucht werden.

Bereits 1972 kommt ein „100-Megawatt-Heizer" aus Norwegen in der Anlage zum Einsatz. Mit diesem „Heizer" können die Leiteigenschaften der Ionosphäre verändert werden.

1973 stellten Wissenschaftler des Haarp-Projekts fest, dass mit jedem Start der Trägerrakete Skylap, *„der Gesamtelektronenhaushalt der Ionosphäre für die Dauer von drei Stunden halbiert wird".* Zusätzlich wird festgestellt, dass sich die Ozonschicht dadurch um *„weitere 10 %, stellenweise auch bis zu 20 % verringert"* ...

War wohl nicht so tragisch? Denn 1980 wird der Forschungssatellit vom Typ HEAO abgeschossen. Spontane chemische Prozesse zwischen der Emission der Trägerrakete und der Ozonschicht verursachen ein „gigantisches Plasmaloch". Die Ionosphäre wird „weitflächig angegriffen."

1983 ergeben Messungen, dass dieses Loch eine Horizontspanne von weit mehr als 300 km umfasst ... Lateralschaden?

Tja, und 1985 schließlich ergeht an die Bevölkerung der Hinweis, dass FCKW den Ozonschirm derart beschädigt hatte, dass daraus ein Leck entstanden ist (???).

Ich denke, wir sollten doch lieber noch einmal zusammenfassen, was wir insgesamt zusammengetragen haben, denn jetzt sieht die ganze Sache doch um einiges anders aus:

- In den 1920er-Jahren wurden FCKW zum ersten Mal synthetisiert.
- In den 1930er-Jahren wurden FCKW technisch hergestellt und in vielen Bereichen verwendet.
- 1958 detonieren: Eine 1-Kilotonnen-Bombe in 200 km Höhe, eine in 250 km Höhe und eine in 600 km Höhe. Zuletzt eine 1,4-Megatonnen-Bombe in 500 km Höhe.
- 1959 zündet die Sowjetunion in 500 km Höhe eine 1-Plus-Megatonnen-Bombe.
- 1960, Bildung von zwei Strahlengürteln um die Erde.
- 1961, Meteorologen beobachten zahlreiche außergewöhnliche Wetterkatastrophen.
- 1961, Kupfernadeln werden in die Ionosphäre gebracht. Das Magnetfeld der Erde kommt dadurch durcheinander. Schwere Erdbeben der Stärke 8,5 sind die Folge.
- 1962 jagen die Sowjetunion und die USA insgesamt ca. 300 Megatonnen Nuklearmaterial in die Atmosphäre.
- 1963 verringert sich die Ozonschicht um 4 %.
- 1968, HAARP wird zum Projekt.
- 1972 soll ein 100-Megawatt-Heizer die Leiteigenschaften der Ionosphäre verändern.
- 1973 stellen Wissenschaftler fest, dass jeder Start der Trägerrakete Skylap für 3 Stunden den Gesamtelektronenhaushalt der Ionosphäre halbiert.
- 1973 verringert sich die Ozonschicht um weitere 10 %, stellenweise auch bis zu 20 %.
- 1980 wird der Forschungssatellit vom TYP HEAO abgeschossen. Es entsteht ein gigantisches Plasmaloch.
- 1983 ergeben Messungen, dass das Loch eine Horizontspanne von mehr als 300 km hat.
- 1985 berichten die Medien zum ersten Mal von einem Leck in der Ozonschicht.

- Bereits 1987 kommt es aufgrund des Wiener Abkommens zur drastischen Reduktion der Herstellung von FCKW.
- 1989 einigen sich die Vertragspartner in der Londoner Konferenz, bis zum Jahr 2000 die Herstellung von FCKW zu stoppen.
- Seit dem Jahr 2000 werden keine FCKW mehr hergestellt bzw. sind keine FCKW mehr im Umlauf.
- Seit diesem Stopp sind **mehr als 18 Jahre vergangen**.

Na, wie fühlen Sie sich jetzt, nachdem Sie die überarbeitete Zusammenfassung gelesen haben? Mal so richtig für dumm verkauft, oder?

Da bemerken diese wahnsinnigen Wissenschaftler, dass sie suggestiv die Ozonschicht zerstören, ballern und experimentieren jedoch munter weiter, bis sich das Ozonloch nicht mehr verheimlichen lässt. Und dann gehen sie mit der fadenscheinigen Begründung an die Öffentlichkeit, dass die im Gebrauch befindlichen FCKW Schuld an diesem Dilemma hätten.

Aber: Warum schließt sich das Loch nicht? Sind die Auswirkungen etwa so nachhaltig? Oder wird da etwa munter weitergemacht?

Letzteres ist ein Volltreffer und somit wäre auch der Bericht der ESA aus dem Jahre 2017 erklärbar, denn HAARP ist keine harmlose Wetterstation, sondern eine, wenn nicht sogar **die gefährlichste Waffe der Welt**.
Kaum zu glauben, denn wie schon erwähnt, HAARP läuft nicht als Geheimprojekt, im Gegenteil, man kann über das Projekt bis hin zum Essensplan der Mitarbeiter im Internet alles erfahren. Mehr noch, in regelmäßigen Abständen werden Aktionen wie z. B. „Tag der offenen Tür" veranstaltet.

Das alles wirkt beruhigend und wie eine Schlaftablette auf die Bevölkerung. (Ich selbst war dort und da war nichts Geheimes!).

Tja, die Herren haben schließlich gelernt. *Aria 51* z. B. ist so ein Geheimprojekt, und um diese Basis ranken sich seit Jahrzehnten die unterschiedlichsten Geschichten.

HAARP hingegen ist für die Bürger weitgehend uninteressant, da dort *offensichtlich* alles mit rechten Dingen zugeht. Was wir jedoch weder über das Internet, noch bei Besuchen am Tag der offenen Tür erfahren, sind jene Projekte, die dort *absolut geheim* ablaufen.

Da ich in diesem Kapitel hauptsächlich die „Lüge" über den Ursprung des Ozonlochs hervorheben wollte und HAARP eigentlich unter der Rubrik „Geheimwaffe" läuft, erfahren Sie als Leser erst im nächsten Kapitel: „Barack Obama – Friedensfürst oder Wolf im Schafpelz" zu was HAARP *wirklich* fähig ist.

Allerdings möchte ich Ihnen schon im Vorfeld Zitate aus „Raum & Zeit" aus dem Jahre 1996 zum Lesen geben:

„Durchgeknallt. Ein Wahnsinnsprojekt aus USA bedroht uns alle".

„Damit kann man eine Nation auf einem Bein tanzen lassen. Krebsinformationen oder andere Krankheitsinformationen weltweit übertragen und zwar punktgenau".

„Man kann eine ganze Stadt in den Wahnsinn treiben, das Wetter beeinflussen, den Erdpol verschieben, Erdbeben auslösen, ..." usw.

Und noch etwas:
Der Bericht der Air Force aus dem gleichen Jahr:

„Wir sind auf eine neue Waffengattung gestoßen. Diese neuen Waffen nennen sich RF-Weapons (radiofrequencies weapons). Sie werden als nonletale (nicht tötende) Waffen hochgelobt.
Der Feind muss nun nicht mehr verletzt oder getötet werden, denn seine Körperfunktionen werden mit entschlüsselten Frequenzen manipuliert, und der Aggressor nimmt Einfluss auf das Verhalten des Angegriffenen".

Tatsächlich kann mit diesem Waffensystem eine **tiefgreifende Bewusstseinsmanipulation** großer Teile der Erdbevölkerung über die Aussendung spezifischer EEG und anderer physiologischer Signale erreicht werden. Das Schöne an der ganzen Sache ist, dass diese neuen Waffen aussehen wie ganz normale Antennen. Man benötigt beim Lesen dieser Auszüge nicht mehr viel Phantasie um den militärischen Hintergrund zu erkennen.
Letztlich ist HAARP das „wichtigste Glied" im SDI-Programm.

SDI (Strategic Defense Initiative) ist eine von Ronald Reagan ins Leben gerufene und am 23. März 1983 angeordnete

Initiative zum Ausbau eines Abwehrschirms gegen Interkontinentalraketen. Sowohl die Präsidenten Clinton (seit dieser Zeit läuft das Programm unter dem Namen „NMD" - National Missile Defense) und Bush jr., als auch Barack Obama haben dieses Projekt weitergeführt.

Ganz interessant sind auch die Projekte, die diesem Programm direkt angeschlossen sind, wie z. B.:

- Projekt „Star Wars" (Einrichtung eines Gürtels moderner Lan-See und weltraumgestützter Waffensysteme)
- Projekt „Excalibur" (Entwicklung von Röntgenlasern)
- Projekt „Super Excalibur" (Entwicklung von endphasengesteuerten kinetischen Projektilwaffen)

Angesichts dieser irrsinnigen Projekte kann man getrost davon ausgehen, dass das entstandene Ozonloch lediglich ein „störender Nebeneffekt" ist, den man uns „Umweltverschmutzern" in die Schuhe geschoben hat, als nichts mehr zu verheimlichen ging.

Ich frage daher: Wollen wir das alles?

Barack Obama

Friedensfürst oder Wolf im Schafspelz?

Die historische Wahl des ersten „Farbigen" zum Führer der Vereinigten Staaten rief 2009 nicht nur beim Großteil der US-Bürger Erleichterung hervor.

Barack Obama, ein bis dahin unscheinbarer Politiker aus Illinois, 1961 in Honolulu (Hawaii) geboren, studierte erst Politikwissenschaft an der Columbia University in New York City und danach Jura in Harvard. Später dozierte er als Professor an der Universität of Chicago.
Seine politische Laufbahn begann er als Senator im Staat Illinois.
2008 trat er gegen Hillary Clinton und Jon McCain im Kampf um das höchste Amt der Vereinigten Staaten an, aus dem er schließlich im Januar 2009 als 44. Präsident der USA hervorging.
Das seinerseits klare Votum für Barack Obama und die mit seiner charismatischen Person verbundene Beliebtheit offenbarte weltweit die tiefe Sehnsucht nach einer besseren Zukunft. Sein Slogan *„Yes we can"* ging um die ganze Welt.
Obama versprach seinen Anhängern tiefgreifende Umwälzungen, ähnlich wie sie Amerika unter den Präsidenten Abraham Lincoln, Franklin D. Roosevelt oder Ronald Reagan erlebte.
Er wurde zum „Friedensfürst" der Nationen erhoben und schließlich mit dem Friedensnobelpreis geehrt. Kurzum, er war ein Segen für das schwer angeschlagene Amerika. 2012 wählte ihn das amerikanische Volk erneut und bestätigte ihn somit in seinem Amt.
Klingt doch alles super oder?

Na dann schauen wir doch mal hinüber in die Vereinigten Staaten ...Nanu, was sehen wir denn da? Die Krisen und Probleme sind geblieben, denn unterm Strich hatte Barack Obama lediglich 38 Prozent seiner Wahlversprechen von 2008 erfüllt.

Wie konnte denn das passieren? Es lief doch am Anfang alles glatt!
Anscheinend etwas zu glatt. Zu sehr wurde der Stempel eines „Gutmenschpolitikers" hervorgehoben. Selbst auf seiner, auch für die Öffentlichkeit zugänglichen Webseite war alles darauf abgestimmt, ihn als „unverbrauchten Saubermann" darzustellen.
Fröhliche Kinderbilder, eine lachende Mutter und ein smarter Obama in Jeans und Lederjacke rundeten dieses Bild perfekt ab.

Interessant daran ist, dass man über die Anthropologin Ann Dunham aus Kansas nur wenig und über Barack Hussein Obama aus Kenia fast nichts erfährt. (Obamas Eltern). Auch in seiner 1998 herausgegebenen Publikation erfährt der Leser nicht viel von Barack Obamas Eltern. Auffallend jedoch ist, ursprünglich lautete der Titel seines Buches „Träume meines Vaters". Erst als 2008 das Werk für Werbezwecke neu aufgelegt wurde, wandelte sich der Titel in:" Ein amerikanischer Traum" um.
In der Tat muss man tief graben und gehörig um die Ecke fragen, um zum Beispiel zu erfahren, dass Ann Dunham aus Kansas, mit irischer und deutscher Abstammung, weit verzweigt mit dem ehemaligen US-Präsidenten Ford verwandt ist. Aber auch über den Vater von Barack Obama kann man bei tieferem Graben so einiges erfahren. Dieser hat wie sein Sohn Barack ebenfalls in Harvard studiert. Allerdings nicht Jura, sondern Politikwissenschaft.

1963, als in seinem Heimatland der Bürgerkrieg zu Ende war, ging er als Regierungsberater nach Kenia zurück, wo er sich intensiv für die Belange seines nileonischen Volkes und seines Stammes der Luo einsetzte. Sein mysteriöser und tödlicher Autounfall wurde jedoch nie näher untersucht.

Interessant nicht? Stellt sich nur die Frage, warum erfährt die Öffentlichkeit darüber so gut wie gar nichts? Eines ist sicher, der Name Barack Obama konnte bisher in keinster Weise mit anderen Politgrößen der USA in Verbindung gebracht werden. Der Name Ford hingegen schon eher. Aber warum wurde auch der Vater von Barack Obama weitgehendst aus seiner öffentlichen Biografie herausgelassen? Gibt es da etwa Personen, denen diese Tatsachen als „ungünstig" erschien? Wenn ja, wer hat da so viel Einfluss, dass selbst Familienangehörige sozusagen retuschiert werden mussten?

Andere Frage: Wurde Barack Obama etwa nicht zum Präsidenten der USA „gewählt", sondern vielmehr „gemacht"? Wenn ja, wer steckt hinter allen diesen Vertuschungen?

Ein Name fällt bei all diesen Fragen immer wieder:
Zbigniew Brzezinski.

Ein Präsident wird gemacht

Brzezinski wurde am 28. März 1928 als Sohn des polnischen Diplomaten Tadensz Brzezinski in Warschau geboren. Einen Teil seiner Kindheit verbrachte er in Lille (Frankreich), Leipzig und Chartuw in der Ukrainischen SSR. Später siedelten seine Eltern mit ihm nach Montreal in Kanada um. Dort studierte er an der McGill-Universität wo er 1949 einen Bachelor of Arts und 1950 einen Master of Arts erlangte. 1953 promovierte er im Fachgebiet Politikwissenschaften an der Harvard University, an der er anschließend auch lehrte. 1961 wechselte er an die Columbia University und übernahm dort die Leitung für kommunistische Angelegenheiten.

Zeitgleich war er Berater für die Beamten der Kennedy- und Johnson-Regierung. Während der letzten Jahre von Johnsons Amtszeit besetzte er den Posten des außenpolitischen Beraters von Vizepräsident Hubert H. Humphrey.

1973 wurde Brzezinski der erste Direktor der so genannten „Trilateralen Kommission". Die Trilaterale Kommission ist eine Gruppe von prominenten politischen, akademischen und wirtschaftlichen Führungspersönlichkeiten aus den USA, Westeuropa und Japan. Ziel dieser Gruppe ist es, eine „zentrale Weltherrschaft" zu schaffen.

1976 machte Carter ihn zu seinem nationalen Sicherheitsberater. Dort erwarb Brzezinski sich den Ruf eines „Hardliners" bezüglich seiner Politik gegenüber der ehemaligen Sowjetunion.

Ab da galt Brzezinski als Falke und geisterte als Schreckgespenst der Friedensbewegung durch die Welt, das permanent an der Lunte zwischen USA und der Sowjetunion zündelte. Schließlich schaffte es der umtriebige Geostratege, der die Welt schlicht als sein Schachbrett betrachtet, die ehemalige Sowjetunion 1979 in den Afghanistan-Feldzug zu locken und damit derart zu destabilisieren, dass sie zehn Jahre später auseinanderbrach.

Brzezinski gilt als einer der Männer hinter dem Aufstieg des fundamentalistischen Islamismus. Auf seine Initiative hin haben die US Geheimdienste die radikalen Mudschaheddin in Pakistan und Afghanistan im Kampf gegen die ehemalige Sowjetunion unterstützt. Mit dabei war auch ein vielseitig verwendbarer Mann, der 2001 als Hauptverdächtiger im Fall 9/11 Berühmtheit erlangte. Die Rede ist von Osama bin Laden.

Brzezinski gilt darüber hinaus auch als Stratege und Förderer diverser Revolutionen, die in den vergangenen Jahren Russland das Leben an seiner westlichen Peripherie schwer machten.

In seinem Buch: „Die einzige Weltmacht" skizziert Brzezinski eine globale, unilaterale Dominanz der USA, die an eine Durchdringung amerikanischer Interessen im zentralasiatischen Raum gekoppelt ist. Er fordert, die Entwicklung der mit den USA konkurrierenden Großmächte China und Russland zu begrenzen, indem man separatistische Bewegungen in den Grenzgebieten unterstützt.

Laut Brzezinski ist eine Vorherrschaft der USA die einzige Voraussetzung für Frieden, Wohlstand und Demokratie in der Welt.

Nach dem Zusammenbruch der Sowjetunion existiert nun einmal nur noch eine „Supermacht" auf dieser Erde: *Die Vereinigten Staaten von Amerika*. Er ist der Meinung, dass es noch nie in der Geschichte der Menschheit eine Nation gab, die wie die USA über so große wirtschaftliche, politische und militärische Mittel verfügt, und damit ihre „Interessen durchsetzt". –

Na, wenn das keine klaren Worte sind. Aber was hatte nun Barack Obama mit diesem Mann zu tun?

Auf seiner Webseite: www.barackobama.com finden wir diesen Namen schon mal nicht. Überhaupt sind da auch keine Einzelheiten über die Leute zu erfahren, die hinter ihm standen, nicht einmal die Namen werden genannt. Fakt jedoch ist, Barack Obama machte gleich nach seiner Ernennung zum Präsidenten ausgerechnet Brzezinski zu seinem außenpolitischen Berater. Schon an dieser Entscheidung hätte man erahnen können, dass sich hinter der jugendlichen Maske des Obama einer der potentesten und rücksichtslosesten Geostrategen der USA verbirgt.

Barack Obama lies sein gesamtes öffentliches Profil von Brzezinskis Sohn Mark formen bzw. hielt sich strikt an die von Brzezinski eingeschlagene Richtung. Denn nicht nur in Sachen Außenpolitik, auch in Sachen Finanzen traute Obama nur vorbelasteten Menschen. Aus diesem Grund war auch keine ernsthafte Lösung der Finanzkrise durch Barack Obama zu erwarten. Oberster Finanzchef der „Obama-Mannschaft" war nämlich Penny Pritzker, ein Immobilienmakler und enger Freund Brzezinskis aus Chicago. Pritzker und sein Partner Merill Lynch entwickelten erstmalig das Modell der Verbriefung von so genannten „Sup Prime Immobilien" (letztlich der Auslöser des „Finanz-Tsunamis").

Recht interessant bei dieser Betrachtung wird auch Barack Obamas Rede nach seinem Amtsantritt. Obama sprach davon, den Krieg im Irak endgültig zu beenden, Guantanamo zu schließen (ist bis heute noch nicht geschehen) und er wollte Habes Corpus (grundlegende Rechte für Beschuldigte) wiederherstellen (auch nicht durch).
Weiterhin wollte er auch noch den Kampf gegen Al Qaida beenden (bisher noch keine Veränderung in Sicht). Was er jedoch nicht gesagt hat, war ein Rückzug aus Afghanistan (hat sich nämlich unter US-Besatzung zur wichtigsten Drogenplantage des Globus entwickelt).
Fakt ist, etwa 95 % des globalen Opiums stammen aus afghanischer Produktion. Hier zeigt Obama deutlich auf: Ein Rück-

zug aus Afghanistan sollte auch gar nicht stattfinden. Im Gegenteil, Barack Obama wollte den so genannten Anti-Terror-Kampf auf Afghanistan konzentrieren, also genau auf jenes Land, das sein außenpolitischer Stratege Brzezinski schon einmal als Basis für den Kampf gegen Sowjetrussland benutzt hatte.

Ganz klar, wohin sein Weg geht, machte Obama am Ende einer Rede deutlich. Hier nämlich forderte er mehr Engagement von den Europäern. Wörtlich meinte er:

„Ich habe sehr klar gesagt, dass wir von ihnen mehr Unterstützung brauchen". „Wir müssen vielleicht einige der Beschränkungen aufheben, die sie ihren Truppen dort auferlegt haben". (???)

„Wir müssen einige Beschränkungen ihrer Truppen aufheben"... Eigentlich hätte da die Welt schon erahnen müssen was sie von Barack Obama zu erwarten hat, nämlich einen „knallharten Imperialismus". Denn wenn Sie seine Worte so nehmen, wie er sie auch meinte, dann bedeutete das so viel wie:

„Wir" (also die USA) „müssen einige Beschränkungen aufheben", die „sie" (andere Staaten) ihren Truppen auferlegt haben.

Mit einfachen Worten, Barack Obama war der festen Meinung, Beschränkungen, die sich andere Staaten auferlegt haben, einfach aufheben zu können.

Brzezinski versuchte alle verbliebenen US- und britischen Kräfte für einen „finalen Angriff" auf Moskau, Peking und all die anderen Länder der Shanghai-Kooperation zu sammeln. So gesehen beschwor Obama (Brzezinski) Konflikte herauf, die eine nationale Mobilmachung für einen totalen Krieg erforderten. Einen Krieg mit Entbehrungen und zermürbenden

Opfern, von denen die Neokonservativen nicht einmal zu träumen wagten.

Obama hatte schnell von Brzezinski gelernt, denn er verstand es geschickt, seine Bündnispartner in Situationen zu bringen, die unweigerlich Gewalt nach sich zog. Und noch etwas hatte Obama gelernt: Geduld, denn natürlich baut sich ein solches Inferno nicht in einem oder zwei Jahren auf. Dennoch sind die „Drahtzieher im Hintergrund" nicht bereit, allzu lange zu warten.

Es stellt sich hier allerdings die berechtigte Frage nach dem Warum!

Nun, im Grund genommen begann alles 1979 mit dem Feldzug der ehemaligen Sowjetunion gegen Afghanistan. Schon damals hoffte man, dass mit dem Aufstieg des fundamentalistischen Islamismus die Sowjetunion so geschwächt ist, dass sie ohne größere Verluste vereinnahmt werden kann. Sie brach zwar auseinander, aber sie war nur destabilisiert. Daher unterstützte die USA auch die Mudschaheddin in Pakistan im Kampf gegen die Sowjetunion. Als das jedoch alles nicht die gewünschten Ergebnisse brachte, spielten die USA einen ihrer „Trümpfe" aus:

Der Anschlag am 09.11.2001 (eine von höchster Ebene genehmigte und durch den CIA durchgeführte Aktion).

Diesen Anschlag schoben die Vereinigten Staaten quasi ihrem „eigenen Mann" zu, nämlich Osama bin Laden. Dadurch hatte Amerika völlig legal die Möglichkeit, in Afghanistan und Pakistan gegen so genannte Terroristen vorzugehen. Das eigentliche Ziel jedoch war, Landebahnen und Abwehrgeschütze zu installieren. Die USA hatten bereits Milliarden in dieses Projekt gesteckt. Dieser Krieg *muss* daher stattfinden. Allerdings muss es ein legalisierter Krieg sein, quasi ein „notwendiger" Kampf. Barack Obama wollte daher auch nicht eher ruhen, bis nicht auch Deutschland und Frankreich miteinbezogen waren. Japan und China werden sich zwar ruhig verhalten, aber auf der Hut sein. Die Türkei, Polen und Italien hingegen werden nach einigem Zögern dazustoßen.

Ein weiterer wichtiger Grund ist, dass die USA in den vergangenen Jahren auf Kosten der übrigen Welt gelebt haben. Amerika exportierte vor allen Dingen Dollar, Staatsanleihen und eben auch Pakete fauler Hypothekenkredite und bekam dafür Konsumgüter aller Art. Sozusagen ein Geschäft „Papier gegen Ware". Das führte dazu, dass das US-Außenhandelsdefizit in den vergangenen Jahren auf etwa 16,7 Billionen Dollar stieg.
Dieses Loch kann nur noch mit einem Krieg gestopft werden.

Man kann, wenn man nun alle diese Fakten zusammenfasst, getrost sagen, dass Obama ganz bewusst aufgebaut und platziert worden ist. Das Verrückte an dieser ganzen Sache ist, dass Obama als oberster Kriegsherr einer aggressiv agierenden Weltmacht in Stockholm zum Friedensfürst gekürt worden ist.
Die Vereinigten Staaten machten „ihre" Kriege weiter wie bisher, nur jetzt mit viel schöneren Worten und smartem Auftreten. Neu an der Sache ist, dass Amerika den „Schmutz" nicht mehr alleine machen will. Insbesondere Europa sollen deshalb für die Weltgemeinschaft (gemeint ist, im Interesse der USA) den Kopf hinhalten.
Tja, wie man sieht klappt das ja auch. Denn Deutschland zog zwar aus Afghanistan seine Truppen zurück, stockte jedoch im gleichen Atemzug die Zahl der Soldaten am Hindukusch auf.
Im Klartext: Deutsche Truppen verrichten in aller Welt nur noch Handlangerdienste der USA.
Obama hatte bei der Verleihung des Friedensnobelpreises sein Land als einzige militärische Supermacht der Welt be-

zeichnet und die schmutzigen Kriege seines Landes dreist gerechtfertigt.

Der Friedensfürst bezeichnete sich selbst als den militärischen Oberbefehlshaber einer Nation, die Kriege führt. Mit diesen Worten gab er dem Rest der Welt zu erkennen, wie seine Worte: *„Yes we can"* zu verstehen sind, nämlich dass die USA so weiter machen können wie bisher.

Denn mit der finanziellen Unterstützung des Multimillionärs Georg Sores und der grauen Eminenz Brzezinskis, der die Sichtweise und Interessen eines ganzen Flügels der amerikanischen Elite verkörperte, konnte er alle Mitstreiter um das Amt des Präsidenten mit Leichtigkeit ausschalten.

Nach ihrer Vorstellung wird Eurasien das Schachbrett sein, auf dem der Kampf um die globale Vorherrschaft ausgetragen wird. Diesem Grundsatz liegt die Einschätzung zugrunde, dass eine Macht, die in Eurasien die Vorherrschaft gewinnt, damit auch die Vorherrschaft über die gesamte übrige Welt gewonnen hat. Dieses riesige eurasische Schachbrett, das sich von Lissabon bis Wladiwostok erstreckt, ist sozusagen der Schauplatz des „globalen Play" und zwar deshalb, weil Eurasien der mit Abstand größte Kontinent ist, auf dem 75 Prozent der Weltbevölkerung leben und der drei Viertel der weltweit bekannten Energievorkommen beherbergt.

Das unumstößliche Ziel ist, dass kein Staat bzw. eine Gruppe von Staaten die Fähigkeit erlangt, die Vereinigten Staaten aus Eurasien zu vertreiben oder auch nur deren Schiedsrichterrolle entscheidend zu beeinträchtigen. Es gilt, die Gefahr eines plötzlichen Aufstiegs einer neuen Macht, diese erfolgreich hinauszuschieben und das Emporkommen eines Rivalen um die Führung mit allen Mitteln zu vereiteln.

Natürlich ist Europa in diesem „Schachspiel" miteinbezogen, denn ein transatlantisch orientiertes Europa hat für die USA die Funktion eines Brückenkopfes auf dem eurasischen Kontinent.

Gemäß dieser Logik ist eine EU-Erweiterung nach Osten zwangsläufig auch eine Osterweiterung der NATO. Durch diese Konstellation wird Europa ein brauchbares Sprungbrett, von dem aus sich eine internationale Ordnung der Demokratie ausbreiten lässt.

Für die Vereinigten Staaten ist ihr „Raketenschild" ein sehr wichtiger Faktor auf dem Weg zur Weltherrschaft.

Seine strategische Bedeutung besteht darin, jene Raketen abzufangen, die Moskau nach einem amerikanischen Überraschungsangriff noch für einen Zweitschlag zur Verfügung stünden. Dementsprechend fällt das unilaterale Handeln der USA wegen seiner „gewalttätigen Konfliktregelung" zunehmend auf. Man bemerkt immer häufiger, dass Amerika keinen Wert auf internationale Absprachen und Konsensbildung legt.

Ja selbst die Völkerrechte werden dadurch zunehmend ausgehöhlt, während Institutionen wie die UNO geschwächt werden. Die Vereinigten Staaten konzentrieren sich mehr auf ihre so genannten „friedenserhaltenden Einsätze". Dabei wird als selbstverständlich vorausgesetzt, dass das westliche Verteidigungsbündnis die gesamte Weltgemeinschaft vertreten kann.

Alles das zeigt deutlich, dass die von den USA angestrebte Weltordnung nicht auf Konsensbildung und demokratischen Absprachen beruht. Stattdessen lässt die Politik nicht erst seit der Bush-Regierung die geopolitische Strategie erkennen, nämlich durch Schaffung vollendeter Tatsachen und einem Machtvorsprung vor Europa, China und Russland.

Durch den drastischen Anstieg der Rüstungsausgaben seit 9/11, die längst alle Rekorde des kalten Krieges hinter sich gelassen haben, versuchen die USA einen „uneinholbaren" Vorsprung vor ihren Konkurrenten zu erlangen. So gesehen muss man sagen, dass diese Politik hochgefährlich ist, da sie notwendigerweise Gegenreaktionen hervorrufen und bereits ein neues „Wettrüsten" in Gang setzt.

Mittlerweile ist es mehr als fraglich, ob dieser Politik ihre Gefährlichkeit genommen wurde, indem Barack Obama mit China und Europa Absprachen traf, während er Russland weiterhin einer verschärften militärischen Bedrohung aussetzte (Streitorte: Ukraine und Iran).
Nicht zu vergessen ist die Tatsache, dass die Vereinigten Staaten ihre „wirklich gefährlichen" Waffen top-geheim halten. Das unter dem SDI-Programm laufende HAARP-Projekt ist quasi der „Joker" unter allen diesen weltzerstörenden Auswüchsen.
Dank seiner exotischen Erfindungen und Einsatzmöglichkeiten ist es für die wenigsten nachvollziehbar, welches Unheil mit diesen Waffen angerichtet werden kann und was deren Einsatz letztlich für Katastrophen nach sich zieht.

Aber schauen wir uns doch dieses Wahnsinnsprojekt unter dem Aspekt der Kriegsführung einmal genauer an.

HAARP und der leise Krieg

In dem Kapitel um das Ozonloch sprach ich die „offizielle" Seite des HAARP-Projekts an. Gleichzeitig zeigte ich Ihnen auf, dass sich hinter diesem so harmlos wirkenden Projekt auch eine mörderische Waffe verbirgt.

Bevor wir jedoch auf die einzelnen Waffensysteme und deren Wirkung eingehen, möchte ich Ihnen in kurzen Worten erklären, warum gewisse Strahlen für uns Menschen so schädlich sind.

Sie müssen wissen, alle Metallgegenstände und Elektrowasserleitungen dienen allesamt als Antennen, die so genannte EMF (elektromagnetische Felder) aufnehmen und abstrahlen.

Jeder Heizkörper beispielsweise wird dadurch zur Strahlungsquelle und mit einem Fernseher daneben bildet er Interferenzen, von denen wir bis heute noch nicht genau wissen, was sie im menschlichen Organismus bewirken.

Und die Turbulenzen in diesem EMF-Umfeld wiederum verursachen dann physische Krankheiten, setzen die Abwehrkraft herunter und verändern die Hormone, den Blutzucker und die Enzyme. Psychosomatische Erkrankungen wie Kopfschmerzen, Benommenheit oder Gedächtnisstörungen sind die Folgen. Warum das so ist, ist recht einfach erklärt.

Das menschliche Blut ist quasi ein Flüssigmagnet, denn das im Blut vorhandene Hämoglobin enthält Eisen und ist dadurch in elektromagnetischen Feldern leicht zu verändern oder sogar zu zerstören. Ähnlich wie bei einem Magneten. Dieser besitzt einen positiven und einen negativen Pol, dadurch wechselt der so genannte Wechselstrom zwischen diesen beiden Polen. Ein elektromagnetisches Feld wiederum, das mit Wechselstrom erzeugt wird, wechselt ständig von positiv nach negativ. Wenn also unser Blut als Flüssigmagnet diesem oszillierenden Magnetfeld ausgesetzt wird, dann werden die Blutbestandteile ständigen Polaritätswechseln ausgesetzt. Was das in größerem Umfang für Folgen hat, können wir „Normalos" uns nicht einmal annähernd vorstellen.

HAARP jedoch arbeitet genau auf dieser Weise. Wie sie bereits wissen, „bearbeitet" HAARP die Ionosphäre (bekanntlich in etwa 80 km Höhe) hinsichtlich wissenschaftlicher Erkenntnisse. Man sollte dabei aber bedenken, dass die Ionosphäre ein Strahlungsgürtel in der oberen Schicht der Atmosphäre ist, welche geladene Partikel, so genannte Ionen enthält, die wiederum Radiowellen reflektieren. Einfacher erklärt, man stelle sich die Ionosphäre wie eine riesenhafte Batterie vor, wobei die Erdoberfläche den Minuspol und die Ionosphäre den Pluspol bilden. Zwischen diesen beiden Polen besteht eine Potenzialdifferenz von 130 Voltmetern.

Die Frequenz der Erde hingegen liegt bei 7,83 Hertz, aber auch der physische Körper des Menschen schwingt bei 7,83 Hertz, denn das Skelett und die inneren Organe sind in dieser Frequenz am besten einsatzfähig. Da aber die Ionosphäre in Resonanz mit der Erdoberfläche ist und die Frequenz, die zwischen beiden erzeugt wird, bei 8 Hertz liegt, ist jede Bewegung in diesem 8-Hertz-Bereich direkt nachweisbar.

Also alle Bewegungen eines menschlichen Körpers, eines Organs oder eines Knochens werden im Feld zwischen Ionosphäre und Erdmagnetfeld quasi aufgezeichnet. Stört oder manipuliert man diese Aufzeichnung bewusst, dann ist man in der Lage, das Verhalten eines Menschen (ganzer Völker) so umzuprogrammieren, dass es dem Rest der Bevölkerung gar nicht auffällt, dass da etwas absichtlich herbeigeführt worden ist (Herzinfarkt, Amoklauf usw.).

Die ganze Angelegenheit wird umso verwerflicher, wenn man berücksichtigt, dass das Bewusstsein des Menschen ein

Merkmal aller quantenmechanischen Vorgänge ist, und die Einzigartigkeit unseres Bewusstseins darin besteht, dass es ein Teil eines „logischen Apparates" ist, und das dieser wiederum das Gehirn eines bestimmten physischen Systems, eines lebenden Organismus (Gott) ist.

Das HAARP-Projekt beansprucht 680 Antennen, welche alle auf dem Testgelände installiert sind. Diese kreuzförmigen, so genannten Dipol-Antennen (eine erweiterte Form der Tesla-Antennen) sind so geschaltet, dass sie gleichzeitig einen sehr eng umschriebenen Bereich der Ionosphäre nahezu punktförmig mit hochfrequenter Radiostrahlung beschießen können. Dadurch wird dieser Bereich der Ionosphäre gewaltig aufgeheizt und reagiert seinerseits mit der Abstrahlung von Radiowellen auf extrem niedriger Frequenz, die wie gesagt mit der Erde resonanzfähig sind. Das gefährliche daran ist, dass dieses System einen Spiegeleffekt bewirkt, welcher ermöglicht, dass ein ausgestrahltes Signal punktgenau irgendwohin auf die Erde geschickt werden kann.

Normalerweise passiert bei den naturbelassenen Schumann-Wellen nicht viel, denn mit diesen Wellen haben die Menschen Tag für Tag auf ganz natürlicher Weise zu tun. Durch eine künstlich verstärkte Bestrahlung hingegen, wird der Bewusstseinszustand des Menschen getrübt und dadurch für suggestive Beeinflussungen empfänglich gemacht.
Mit der Handhabung verhält sich das Ganze wie bei der Radiotechnik. Von dieser wissen wir, dass die Übertragungsfrequenz eines Senders nur als Träger-Welle fungiert, der die eigentliche Information aufgeprägt (aufmoduliert) wird.
Prägt man also eine Elf-Welle im „Alpha-Bereich" (niederfrequenter Ruhezustand bei Lebewesen) auf eine Schumann-Welle, dann kann man auf diese Weise unmerklich Informationen direkt in die Gehirne tausender ahnungsloser Men-

schen speisen. Hinzu kommt, dass der Mensch im Alpha-Zustand um das 25fache leichter mit Suggestionen beeinflussbar ist als im Wachzustand.

Sie werden sich jetzt sicherlich sagen, gut und schön, via Sendeantenne ist es schon möglich Informationen weiterzuleiten. Aber punktgenau und an jede beliebige Stelle auf der Erde?

Nun, ich kann Ihnen sagen, dass HAARP nicht nur eine bestimmte Fläche in der Ionosphäre erhitzt, sondern diese auch im wahrsten Sinn wie mit einem riesigen Schneidbrenner **herausschneidet**, um sie dann **anheben** zu können. Man muss sich das einmal vorstellen, HAARP zerschneidet sozusagen einen Teil des Himmels (einen Teil der Erdendschutzschicht) und zerteilt diesen Teil, der als äußerster Filter die Erde beschützt, aber auch gleichzeitig Tor zum Weltall ist - das Bindeglied zwischen Welt und All. Diese erhitzte und herausgetrennte Fläche kann nun angehoben bzw. gekippt werden, quasi wie ein **überdimensionales Schild**.

Selbstverständlich wurde die Wirkung dieser „leisen Beeinflussung" reichlich getestet. Allerdings nicht nur am vermeintlichen Erzfeind Russland, sondern auch an der einheimischen Bevölkerung. *Undenkbar* – sagen Sie?
Dann rufen Sie sich doch nur einmal die Bilder aus den Jahren des Golfkrieges ins Gedächtnis. Ich meine jene Szenen, die wir hier in Deutschland über das Fernsehen bestaunen konnten. Was wir sahen, waren begeisterte Menschenmassen. Tausende US-Bürger bejubelten da jeden Kampfeinsatz ihrer „Jungs", so als handle es sich dabei um ein Baseballspiel. Diese „Begeisterung für Blut und Gewalt" ist bis in die heutige Zeit zu bemerken.
Afghanistan, Pakistan, Irak, Iran, ... überall empfindet das amerikanische Volk die kriegerische Haltung ihrer Streit-

kräfte als gerechtfertigt . Sie betrachten es als ihre „moralische Verpflichtung" gegenüber der restlichen Welt, diese „gerechten Kriege" zu führen.
Die ganze Sache wird umso verrückter, wenn man berücksichtigt, dass der Feind dem gegenüber davon überzeugt ist, einen „heiligen Krieg" zu führen.

Wie sehr jedoch die konstante und zunehmende Bestrahlung beim Menschen wirkt, zeigt eine Statistik der AOK. Ihr können wir entnehmen, dass eine ganze Anzahl von Erkrankungen über 180 % angestiegen sind. Insbesondere Erkrankungen der Psyche und des Gemüts, aber auch Allergieerkrankungen und Erkrankungen des Immunsystems haben einen epidemieähnlichen Verlauf.

Im Grund genommen kann sich niemand (kein normaler Bürger) wirklich vor diesen Strahlen schützen, denn von den ca. hundert Milliarden Nervenzellen in unserem Gehirn treten automatisch einige tausend in Resonanz mit den künstlich erzeugten „Zentimeterwellen" und unterdrücken dadurch die hochfrequente Trägerwelle.
Wie das möglich ist? Ganz einfach. Um die Zellmembrane zu überwinden, benutzen Lebewesen elektromechanische Vorgänge, wozu Kalium- und Natriumionen benötigt werden und genau bei diesem Vorgang wird die Trägerfrequenz unterdrückt. Was bleibt, sind die aufmodulierten Signale: z. B. Hunger, Durst, Müdigkeit, Traurigkeit, Schmerz, Angst, Übelkeit und ... einfach alles das, was in unser Wachbewusstsein kommt. Alles, was wir also bewusst erleben, wird über Informationsweitergabe unserem Gehirn zugeleitet. Diese Informationsweitergabe erfolgt über unser Nervensystem mithilfe elektromagnetischer Impulse. Diese natürlichen Impulse durch aufmodulierte Impulse zu ersetzen, bedeutet, den Menschen unbemerkt zu manipulieren.

Selbst vor dem Kreislauf der Natur macht HAARP nicht Halt. In dem Kapitel: *„Natur und Mensch, da passt etwas nicht"* habe ich Ihnen den Kreislauf des Wassers aufgezeigt. Erinnern wir uns kurz: Durch die Sonnenwärme verdunstet das Wasser aus den Meeren, den Seen, Flüssen und dem Boden. Dieses Wasser wird in die Atmosphäre durch Luftbewegungen transportiert. Dann bilden sich Niederschläge in Form von Regen oder Schnee, der zum größten Teil auf die Erde fällt und dort versickert. Das im Boden verbleibende Wasser dringt an die Oberfläche und wird von den Pflanzen aufgenommen. Das restliche Wasser, das nicht in das Pflanzenmaterial übernommen wird, wird dann durch die Stomata der Blätter ausgeschwitzt und verdunstet wieder. Der Kreislauf beginnt von vorne.

Berücksichtigt man jedoch, dass Wasser ein idealer Träger von Schwingungen (Informationen) ist, dann kann man sich in etwa ausmalen, was durch HAARP in der Natur alles aus dem Gleichgewicht gebracht werden kann.

Um Ihnen dies etwas besser verständlich zu machen, möchte ich kurz auf einen Baustein der Homöopathie eingehen. Die Homöopathie wirkt ausschließlich durch „Schwingungen", denn die „heilende" Substanz wird immer wieder mit Wasser verdünnt (potenziert) und zwar so lange, bis sie als Substanz nicht mehr nachweisbar ist. Also auch chemisch nicht mehr im Heilmittel vorhanden ist, da das Wasser nun die „Information" des Mittels übernommen (gespeichert) hat. Das läuft mittels individueller Schwingungen ab. Man kann daher auch sagen, nicht die Substanz heilt, sondern deren Schwingung.

Auf HAARP übertragen bedeutet das: Durch die künstlichen und konzentrierten auf modulierten Schwingungen, welche bei jeder Anwendung von HAARP auch reichlich in den Erdboden dringen, erhält das Wasser dort zwangsläufig ständig

„naturstörende" Informationen, welche sie dann bei einem erneuten Niederschlag auf die Erde an die Natur weitergeben.

Es ist daher nicht verwunderlich, dass mittlerweile nicht nur Nadelbäume, sondern auch tausende von Laubbäumen erkranken bzw. absterben (auch wieder nur ein störender Nebeneffekt?).

Der ganze „Vernichtungskreislauf" wird durch eine erweiterte Funktion von HAARP noch fürchterlicher, denn in den Köpfen dieser irren Wissenschaftler reifte der Plan, den Feind zusätzlich durch umweltbedingte „Hindernisse" aufzuhalten bzw. zu vernichten. Also modulierten sie auf die Schumann-Wellen Informationen wie *Dürre, verstärkter Wuchs von giftigen Pflanzen* und *sumpfhaltigem Boden*. Dann bestrahlten sie den Globus an der „gewünschten Stelle".

Was sie jedoch außer Acht gelassen haben, ist der natürliche Kreislauf des Wassers, welches wiederum die neu empfangenen Informationen beim nächsten Niederschlag „überall" dort, wo er erfolgte, an die Natur weitergab. Was das für Folgen hatte, können wir an der heutigen Vegetation deutlich erkennen.

Aber auch der Mensch bekommt die Auswirkungen zu spüren. Denn bei jeder Mahlzeit, die er zu sich nimmt, bei jedem Schluck Wasser übernimmt er die aufmodulierte Information, da er selbst etwa zu 65 % aus Wasser besteht. Kein Wunder also, wenn unser Biorhythmus durcheinander kommt bzw. gestört ist.

Man kann daher mit Recht sagen: Mit der HAARP-Technologie wurde sozusagen die Büchse der Pandora geöffnet.

Hin und wieder, wenn HAARP angeschaltet ist, kann man das registrieren oder besser gesagt hören. Das wiederum beweist, dass die elektromagnetischen Waffen „laufend" auf die Zivilbevölkerung gerichtet werden. Auf der ganzen Welt wird dieses Registrieren als „Brummen" definiert. Ein Geräusch, welches als durchdringend und nervtötend beschrieben wird, quasi ein brummender Ton, direkt am Rand der Hörbarkeit. Allerdings so unangenehm wie z. B. das Kratzen von Fingernägeln auf einer Tafel.

In Taos, New Mexico, gibt es das „Brummen" bereits seit 1991. Ein Betroffener berichtet: *„Es klingt wie ein großer, dicker amerikanischer Automotor im Leerlauf. Als ich es zum ersten Mal hörte, dachte ich, ich werde verrückt"*. Andere wiederum berichten, dass das Geräusch so laut werden kann, dass ihnen der Kopf schwirrt, als befänden sie sich in einem Bienenstock.

Schatzie Hubbell hingegen zog aus Santa Fe, New Mexico, wo sie von diesem Geräusch geplagt wurde, weg nach Fort Worth, Texas. Sie berichtet: *„Nachdem wir dort 32 Jahre lang gelebt hatten und in der Gemeinde engagiert waren, mussten wir gehen. Ich empfand dieses Geräusch wie eine chinesische Folterung. Es trifft dich auf einer Ebene, die du nicht erreichen kannst"*.

James Kelly, Forschungsdirektor an der University of New Mexico, sagt: *„Ich habe auch Kenntnis von zwei großen Bevölkerungsgruppen, die dieses Brummen hören, hier sowie in England, die Leute in Taos sind dadurch sehr beunruhigt. Das ist keine Kleinigkeit"*. Er selbst hörte von Betroffenen, dass das Geräusch „unglaublich störend" sei und es einfach nicht aufhört, außer, man dreht die Stereoanlage bzw. den Fernseher so laut auf, dass das Brummen übertönt wird.

Hueytown, Alabama, in der Nähe von Birmingham, ist auch seit 1991 der Empfänger des dort genannten „Hueytown-Brummens". Nach Aussagen der Bewohner handelt es sich dabei um ein Geräusch, das an den Bohrer eines Zahnarztes erinnert (der gröbere Bohrer). Man hört mitunter ein brummendes fluoreszierendes Licht (ja, Sie haben richtig gelesen, die Bewohner „hören" dieses fluoreszierende Licht), das manchmal vom Boden ausgeht und manchmal aus der Luft kommt.

Ein weiterer Bericht kommt aus Neuseeland und wurde im *Would You Beliefe-Magazin* veröffentlicht. Fred und Phyll Dickenson erzählen: *„Was ihr das Brummen nennt, heißt in unserem Land das Geräusch. In einigen Nächten ist es schlimmer als in anderen – möglicherweise deshalb, weil es bei Nacht stiller ist, aber es kann auch tagsüber immer noch gehört werden. Es ist seltsam, aber wenn man es einmal gehört hat, dann vergisst man es nicht mehr".*

Bei allen diesen Berichten ist mir eine Eigenheit besonders aufgefallen: Es scheint so, als würden jüngere Menschen dieses Brummen nicht so häufig hören wie z. B. Menschen, die 50 Jahre bereits überschritten haben. Man könnte fast annehmen, dass „ältere Ohren" eher geneigt sind, dieses Geräusch zu hören. Oder aber, und das wäre schon wieder fatal, die ab den 1980er-Jahren geborenen Menschen kennen dieses Geräusch bereits seit ihrer Geburt und bemerken daher nichts Außergewöhnliches.

Der frühere Abgeordnete Bill Richardson vom Geheimdienst-Komitee des Repräsentantenhauses weiß, dass das „Brummen" keine Täuschung ist. Er sagte auf einer Versammlung in Taos, dass das Geräusch im „Zusammenhang mit der Verteidigung" steht und forderte, dass das Pentagon „es beendet".

Ein anderer Forscher, Bob Salzmann, berichtete von einem Wissenschaftler aus dem *Komitee für Wissenschaft, Raumfahrt und Technologie*, der seinen Posten verlor, weil er behauptete, dass das Verteidigungsministerium für das Brummen verantwortlich sei. Er berichtete auch, dass der Abgeordnete Richardson sich seither von seinen Untersuchungen distanziert hat und seine Telefonanrufe nicht beantworten will.

Natürlich reagierte man von Regierungsseite (zum Schein) auf diese mittlerweile „weltweite" Störung.
Es wurde eine Abteilung des Bundes aus Wissenschaftlern von der University of New Mexiko, der U.S. Air Force, den Sandia und Los Alamos National Laboratories gebildet, um das „Phänomen" zu untersuchen. Aber wie vorherzusehen war, fanden sie nichts heraus. Ihre Vermutungen gingen in die Richtung, dass die Geräusche aus dem Ohr selbst kommen (???) und/oder von der Bewegung der tektonischen Platten der Erde herrühren.
(Ups, bewegen diese sich erst seit den 1980er-Jahren??)
Ich hingegen bin der festen Überzeugung, dass man genau weiß, was das Geräusch verursacht, denn auch in Deutschland war bereits Ende der 1990er-Jahre in der Region Karlsruhe-Pforzheim-Stuttgart dieses Brummen zu hören.
Dutzende Bewohner dieser Region beschwerten sich damals über den unangenehmen Brummton, der einfach nicht aufhörte. Auch meine Lebensgefährtin hörte dieses Geräusch.
Die Sache ging damals durch alle Zeitungen und beschäftigte wochenlang Ämter und aufgebrachte Bürger. Vergeblich, denn auch ein eigens dafür eingerichtetes „Auffanglager für Betroffene" in welchem man dutzende Berichte dokumentierte, brachte am Ende keine Klärung, wer oder was für dieses Geräusch verantwortlich ist. Die ganze Angelegenheit verlief schließlich still schweigend in Vergessenheit. Aber das Brummen geht weiter.

Allerdings, oder sollte ich lieber „leider" schreiben, ist das nicht die einzige Waffe, welche durch die HAARP-Technologie entwickelt worden ist. Eine weitere Waffe ist die so genannte **„Infra-Schall-Waffe"**, mit der man töten kann, ohne den Eindruck eines unnatürlichen Todes hervorzurufen. Die Waffe funktioniert über zwei Scheiben, zwischen denen die Luft zwecks Abstrahlung unhörbarer Schallwellen, zusätzlich komprimiert wird. Lebewesen, die sich innerhalb des beschallten Gebietes aufhalten, erleiden erhebliche, teilweise irreparable Funktionsstörungen der weichen Organe, wie z. B. des Gehirns, die bei entsprechender Stärke den Tod zur Folge haben. Der gezielte Einsatz einer nach diesem Prinzip arbeitenden Waffe wurde bereits erfolgversprechend und zur Zufriedenheit am „Feind" erprobt.

Eine weitere, mindestens ebenso wirkungsvolle Waffe ist die so genannte **„Elektro-Kanone"**, welche Computer lähmt und Autos stoppt. Sie knipst quasi den Gegner aus. Diese Hochfrequenz-Kanone (HERF) verschießt elektromagnetische Wellen, braucht keine Munition sondern nur Strom. Die gebündelten Strahlen können Computer, Autoelektronik, ja sogar Flugzeuge beeinflussen. Bei einer Demonstration in Schweden wurde ihr „Können" den zufriedenen „hohen Herren" vorgestellt. Über eine Entfernung von 100 Metern gelang es HERF, ein Auto zu stoppen. Die Elektro-Strahlen schalteten die Elektronik aus.

Der absolute Wahnsinn daran ist, dass auf dem Weltmarkt eine kleine „tragbare Hochfrequenz-Kanone" bereits für schlappe 2.500 € zu haben ist. Gelangt so eine Waffe in die Hand von Kriminellen wären die Folgen leicht auszumalen: Entführung, Überfälle usw. Mit der Strahlen-Kanone wären der Kriminalität Tür und Tor geöffnet.

Und weiter geht's in Frankensteins Waffenfabrik: Eine weitere Waffe aus dem HAARP-Projekt ist das „**Schall Akustik-Gewehr**". Mit diesem Gewehr kann ein Mensch mit „Lärm" entweder verletzt oder auch getötet werden. Es hat je nach Frequenz unterschiedliche Auswirkungen auf den Menschen. Niedrige Lautstärken (90 bis 120 Dezibel) verursachen innere Blutungen und schwere Störungen. Intensivere Strahlen bis 150 Dezibel bewirken starke körperliche Verletzungen und Schädigungen des Gewebes. Die höchste Lautstärke von 170 Dezibel wirkt tödlich.

Bei allen diesen zerstörenden und todbringenden Waffen stellt man sich zurecht die Frage: *Wie kann ein Gehirn nur auf derartige Dinge kommen?* Um diese Frage zu beantworten, muss ich zurück in die Vergangenheit gehen, (oder sollte ich lieber zurück in die Zukunft schreiben?). Unser Blick muss dorthin gehen, wo alles seinen Anfang hatte, nämlich bei den Anunnaki, den Erbauer der menschlichen Rasse.

Bei diesem Rückblick fiel mir ein Buch von Dr. Joseph P. Farrell in die Hände. Dr. Farrells Interesse an alten Schriften führten zu einer Promotion in Patristik an der Universität von Oxford. Seine besondere Fähigkeit besteht darin, moderne Wissenschaft auf die Interpretation alter Texte anzuwenden. Dr. Joseph Farrell ist der Autor zahlreicher Bücher, die weltweit auf immer größeres Interesse stoßen. Eines dieser Bücher, nämlich das mit dem Titel: „Der Todesstern Gizeh" erweckte in mir großes Interesse. Nicht nur, weil er die Übersetzungen von Prof. Dr. Zechariah Sitchin in seine Beweise mit übernommen hatte, sondern weil er fachlich, mathematisch und physikalisch korrekt seine Schlussfolgerungen untermauert. Er lehnt sich direkt an die Übersetzungen Sitchins an, welche die letzte Phase eines paläoglobalen Krieges schildern, der ihm zufolge mit nuklearen und anderen, noch verheerenderen Massenvernichtungswaffen ausgetragen wurde.

Farrell erkennt in dieser Schilderung Ereignisse, die in den alten Hindu-Epen „Ramayana" und „Mahabharata" dargestellt werden. Sitchin bezeichnet diesen Krieg als den „zweiten Pyramidenkrieg". In diesem Krieg geht es um die Kontrolle der großen Pyramide, der ultimativen Waffe. Daraus schließt Farrell, dass ihre zerstörerische Kraft weit über die normalen Atomwaffen hinausging. Weiterhin konnte Sitchin sämtliche gefundene Tafeln, von Enki dem Kommandanten der Erdmission diktiert, übersetzen. Aus diesen geht hervor:

„Als Negal sich zu den Verteidigern der großen Pyramide gesellte, stärkte er deren Verteidigung durch mehrere strahlenaussendende Kristalle, die er innerhalb der Pyramide positionierte ...
... der Wasserstein der spitze Stein ...
... der Herr Negal verstärkte seine Kraft ...
... die schützende Tür hat er ...
... zum Himmel hob er die Augen, grub tief in das, was Le-.
... ben gibt...
... im Haus gab er ihnen Nahrung ...".

Auf einer weiteren Tafel finden wir Hinweise auf radioaktive Strahlung bzw. ein elektromagnetisches Feld (EMF?):

„Ninurta war zuerst erstaunt über ihren Entschluss, allein das Feindesland zu betreten, doch da er sie davon nicht abbringen konnte, versorgte er sie mit Kleidern, die sie unerschrocken machten".

„Aber seine Neugier galt den oberen Gängen und Kammern. Dort reihten sich die magischen Steine, himmlische und irdische Mineralien und Kristalle, dergleichen er noch nie

gesehen hatte. Von hier aus hatte man die pulsierenden Strahlen ausgesandt (HAARP?), die der Orientierung der Astronauten und der Verteidigung des Bauwerks dienten.

Neugierig besichtigt Ninurta die aufgereihten Steine und Apparate. Während er bei jedem stehen blieb, ergründete er seine Bestimmung, ob sie zerbrochen und zerstört, zur Ansicht mitgenommen oder woanders installiert werden sollten".

Die Tafeln X bis XII schildern nicht nur diese Bestimmung, sondern auch die Reihenfolge, in der Ninurta vor ihnen stehen blieb. Wenn man diesen Text richtig deutet, enthüllt sich das Geheimnis der inneren Struktur der Pyramide, ihres Zwecks und ihre Funktion.

„Als Ninurta weiterging, folgte er an der Stelle, wo die eindrucksvolle Galerie und der horizontale Gang abzweigten, zuerst dem Gang. Er erreichte eine große Kammer mit spitzem Dach, die im Ninharsag-Poem als Vulva bezeichnet wird. Die Achse dieser Kammer liegt genau auf der Ost-West-Mittellinie der Pyramide. Ihre Ausstrahlung ..., die ist wie ein Löwe, den niemand anzugreifen wagt ..., rührte von einem Stein her, der einer in der Ostwand ausgehöhlten Nische angepasst war. Das war der SHAM (Stein des Schicksals), der in der Dunkelheit rotes Licht verbreitete. Er war das pulsierende Herz der Pyramide. Aber Ninurta verhasst, weil seine Kraft während der Schlacht, als sich Ninurta in der Luft befand, dazu benutzt worden war, ihn zu töten. Er befahl, ihn herauszureißen und zu zertrümmern. Für immer zu zerstören.

Ninurta kehrte zu der Abzweigung zurück, um sich in der Galerie umzusehen. Im Vergleich zu den Gängen war sie riesig, etwa neun Meter hoch ...

Im Gegensatz zu den Gängen, wo nur ein gedämpftes grünes Licht glühte, glitzerte die Galerie in allen Farben. Ihr Gewölbe war wie ein Regenbogen, hier endete die Dunkelheit. Die vielfarbigen Lichter wurden von 27 verschiedenen Kristallpaaren ausgestrahlt, die im gleichen Abstand auf beiden Seiten der Galerie die ganze Länge einrahmten. Diese Steine befanden sich in Aushöhlungen unten an den Rampen. Und jeder Kristall erstrahlte in einer anderen Farbe, wodurch die Regenbogenwirkung entstand. Ninurta ging an ihnen vorbei, sein Ziel war die oberste Kammer mit ihrem pulsierenden Stein".

Farrell schließt aus diesen Übersetzungen, dass sich in den Nischen der Galerie eine Reihe von Helmholtz-Resonatoren aus künstlichen Kristallen befanden, welche als optische und als akustische Resonatoren dienten.

Ein klassischer Helmholtz-Resonator ist eine leere Kugel mit einer Öffnung, die einen Zehntel bis einem Fünftel des Kugeldurchmessers entspricht. Für gewöhnlich besteht die Kugel aus Metall, doch auch andere Materialien sind denkbar. Die Größe bestimmt die Frequenz, auf welcher der Resonator schwingt. Demnach diente die große Galerie hauptsächlich der akustischen Verstärkung von harmonischen Schwingungen.

„Jetzt befand sich Ninurta im Allerheiligsten, wo das Netz [Radar] ausgespannt war, zu beobachten Himmel und Erde. Der empfindliche Mechanismus war in einem ausgehöhlten Steinblock untergebracht, der genau auf der Nord-Süd-Achse der Pyramide stand. Er reagierte auf Vibrationen mit glockenartiger Resonanz. Das Herz der richtungsweisenden Anlage war der Gug [Richtung bestimmender Stein], dessen Ausstrahlung durch fünf Aushöhlungen über der Kammer verstärkt und durch zwei abschüssige Kanäle zu der nördlichen und der südlichen Seite der Pyramide gelenkt wurde. Ninurta befahl auch diesen Stein zu zertrümmern. An diesem Tage wurde der Gug durch Ninurta, der das Schicksal bestimmte, aus der Aushöhlung genommen und zerstört".

Farrell bemerkt dabei einen Aspekt, in dem sich die große Pyramide von allen anderen pyramidenförmigen

Monolithen weltweit unterscheidet. Denn jede ihrer vier Seiten ist zur Mitte hin leicht nach innen gewölbt. Jede Seite stellt quasi einen „**Parabolreflektor**" dar, ähnlich einer modernen Satellitenschüssel. Die Schächte hingegen dienten dazu, Signale oder Energie zu empfangen.

Wenn man nun berücksichtigt, dass Parabolreflektoren in erster Linie dazu da sind, eingehende Signale zu empfangen, zu bündeln und zu verstärken, dann kommt man recht schnell zu dem Schluss, dass die große Pyramide u. a. als Kollektor und Verstärker diente.

Bei Satellitenschüsseln und Radioteleskopen ist im Zentrum des Reflektors jedoch ein Verstärker angebracht, der die eingehenden Signale bündelt und verstärkt. Daher kann es sehr gut sein, dass ein Teil der heute fehlenden Komponenten der Pyramide außen an entweder einer oder aber (was wahrscheinlicher ist) an allen vier Wänden angebracht war, ähnlich des Kollektors an einer modernen Satellitenschüssel. Das wiederum würde bedeuten, dass die vier Seiten der Pyramide ein fortschrittliches technologisches Prinzip widerspiegeln, das die Pyramide selbst zu einem „Kollektor und Verstärker" gemacht hat.

„Nun blieb nur noch der Gipfelstein, der UL (Hoher am Himmel). Mögen die Kinder der Mutter ihn nie mehr sehen, ordnete er an, und als der Stein herunterfiel, rief er: Halte sich jeder fern. Die Steine, die Ninurta so verhasst waren, gab es nicht mehr."

Farrell schlussfolgert daraus, dass der heute fehlende Gipfelstein bzw. Schlussstein für die Funktion der Pyramide als Waffe wesentlich war.
Auf die Frage, warum die Anunnaki zum Bau der Pyramide ausgerechnet eines der am schwersten zu bearbeitenden

Materialien genommen haben, nämlich Granit, hat Farrell ebenfalls eine fachlich fundierte Antwort:

„Granit besteht aus Milliarden winziger, im Fels eingeschlossener Quarzkristalle. Wenn man also Granit stimuliert, indem man Impulse durch ihn hindurchjagt, dann erzeugt jeder einzelne Quarzkristall Elektrizität".

In der Physik ist dieses Phänomen als „piezoelektrischer Effekt" bekannt, der besagt:

„Jede elektrische Stimulierung eines piezoelektrischen Materials innerhalb der Erde – wie z. B. Quarz – erzeugt Schallwellen, die oberhalb des Bereichs der menschlichen Wahrnehmung liegen. Materialien, die auf dieser Weise einer Belastung ausgesetzt werden, sondern stoßweise Ultraschallstrahlung ab. Plastisch verformte Materialien erzeugen ein Signal mit einer niedrigeren Amplitude als solche, bei denen die Verformung Risse hervorgerufen hat."

Abschließend kommt auch Farrell, wie Sitchin, zu dem Ergebnis, dass die große Pyramide eine Massenvernichtungswaffe war, deren Zerstörungskraft die der Atomwaffen noch übertraf. Wenn die große Pyramide in Betrieb war, sonderte sie starke Strahlung ab, weshalb Schutzkleidung angelegt werden musste, bevor man sie betrat, und sie besaß eine Strömungsmechanik mit elektrodynamischen Eigenschaften für die verschiedenen Schichten der Erdatmosphäre. (HAARP?).

Ich denke, ich kann an dieser Stelle mit meinen Anmerkungen aus Farrells Werk enden, denn sicherlich ist Ihnen längst die Parallele zu HAARP aufgefallen. Was Sie jedoch noch wissen sollten ist, dass sich in den 1980er Jahren und noch einmal Ende der 1990er Jahre der CIA und jede Menge Wissenschaftler unter strengster Abschirmung an der großen

Pyramide zu schaffen machten (suchten sie etwa die Schalt- und Baupläne der Pyramidenwaffe?).

Es ist auf jeden Fall beängstigend, wenn man die Ähnlichkeit der beiden Waffen erkennt. HAARP und die große Pyramide. Schlimmer noch. Wenn wir nämlich die Übersetzungen richtig deuten, dann war das Ziel der Anunnaki, diese schreckliche Waffe (große Pyramide) für alle Zeiten außer Kraft zu setzen. Das, was sie uns an Schriften und Monumenten hinterlassen haben, dient einzig und allein als Mahnung, damit derartiges Leid nie wieder über die Menschen kommen kann. Mit HAARP jedoch haben sich die USA selbst über die Anordnungen und Erkenntnisse der Anunnaki hinweggesetzt, den Erbauern der menschlichen Rasse.

Glauben Sie nicht? Nun, dann schauen wir uns doch noch einmal an, was wir in den beiden letzten Unterkapiteln so alles herausgefunden haben.

Nichts ist so, wie es scheint

Es ist viel zusammengekommen in den letzten beiden Unterkapiteln.

Schauen wir doch einmal, welche Erkenntnis sich daraus schließen lässt.

Öffentliche Version:

- 2009, historische Wahl des ersten farbigen Präsidenten. Barack Obama wird 44. Präsident der USA. Die Welt atmet auf. Sein Slogan „Yes we can" geht um die Welt.
- Obama verspricht tiefgreifende Umwälzungen.
- Die Welt sieht in Barack Obama nach der kriegerischen Bush-Regierung einen Friedensfürsten.
- Barack Obama wird mit dem Friedens-Nobelpreis ausgezeichnet.
- 2012 wählt das amerikanische Volk Barack Obama erneut zum Präsidenten der Vereinigten Staaten von Amerika.

Hinter den Kulissen:

- Auf Barack Obamas Webseite werden die Eltern Ann Dunham aus Kansas und Barack Hussein Obama aus Kenia nur spärlich gestreift.

Nachforschungen ergeben:

- Barack Obamas Mutter, Ann Dunham aus Kansas mit irischer und deutscher Abstammung ist weit verzweigt mit dem ehemaligen US-Präsidenten Ford verwandt.

  Barack Obamas Vater, Barack Hussein Obama aus Kenia studierte in Harvard Politikwissenschaft und ging 1963 in sein Heimatland Kenia zurück, wo er als Regierungsberater tätig war. Sein mysteriöser Tod wurde nie näher untersucht.

- Barack Obama erfüllte bis zu seiner Wiederwahl 2012 lediglich 38 % seiner Wahlversprechen von 2008.
- Krisen und politische Probleme sind geblieben.
- Es kommt die Frage auf, wurde Barack Obama zum 44. Präsidenten der USA gemacht? Wenn ja, wer steckt dahinter?
- Wir erfahren, Mark Brzezinski formte (retuschierte) Barack Obamas gesamtes öffentliches Profil.
- Oberster Finanzchef der Obama-Mannschaft war Penny Pritzler, jener Immobilienmakler, welcher erstmalig so genannte Supprime-Immobilien verbriefte, die dann den „Finanz-Tsunami" auslösten.
- Barack Obama macht mit seinem Slogan *Yes we can* allen anderen Staaten klar: *Ja, wir können machen, was wir wollen.*
- Die USA benutzt Afghanistan zum Bau für Abwehrgeschütze und Landebahnen.
- Wir erkennen, die USA beschwört durch ihre Politik Konflikte herauf, die eine nationale Mobilmachung für einen totalen Krieg erfordert.
- Obama bringt seine Bündnis-Partner in Situationen, die unweigerlich Gewalt nach sich ziehen.
- Wir erkennen, die USA will unbedingt auch Deutschland und Frankreich in diesen Krieg miteinbeziehen.
- Wir stellen fest, die USA ist quasi pleite, denn das Außenhandels-Defizit beträgt bereits 2013 16,7 Billionen Dollar. Der globale Krieg muss schon allein aus diesem Grund stattfinden (das Loch muss gestopft werden).
- Obama bezeichnet die schmutzigen Kriege seines Landes als gerechtfertigt und sieht sich selbst als militärischer Ober-Befehlshaber einer Nation, die Kriege führt.

- Uns wird klar, Eurasien wird das Schachbrett sein, auf dem der Kampf um die globale Vorherrschaft ausgetragen wird.
- Wir bemerken, an den USA eine verstärkte und gewalttätige Konfliktlösung, denn Amerika legt keinen Wert auf internationale Absprachen und Konsensbildungen.
- Wir erkennen, die Bevölkerung kann nicht erkennen, welches Unheil HAARP anrichtet.
- Es ist gesichert, dass HAARP die Ionosphäre mit hochfrequenter Radiostrahlung punktförmig beschießt.
- Der Bereich der Ionosphäre wird dadurch gewaltig aufgeheizt und reagiert seinerseits mit der Abstrahlung von Radiowellen auf extrem niedriger Frequenz.
- Wir wissen, diese Frequenz ist mit der Erde resonanzfähig.
- Es wird die Gefährlichkeit erkannt, da dieses System einen Spiegeleffekt bewirkt, welcher ermöglicht, dass ein Signal punktgenau auf die Erde geschickt werden kann.
- Wir entdecken, HAARP moduliert auf die eigentlich ungefährlichen Schumann-Wellen eine Information.
- HAARP schneidet nach dem Erhitzen den bestrahlten Teil heraus, hebt ihn an und kippt ihn.
- HAARP ist dadurch in der Lage, das menschliche Gehirn unbemerkt mit Informationen zu füttern.
- Wir stellen fest, die USA testet HAARP großflächig an ahnungslosen Bürgern.
- Die Vereinigten Staaten bezeichnen ihre Kriege als gerecht.
- Wir bemerken, Mensch und Natur leiden zunehmend unter der Manipulation durch HAARP.
- Wir beobachten zunehmende Auswüchse unter der Bevölkerung (Selbstmorde, Amokläufe).

- Wir erkennen, selbst das Wasser nimmt über den Wasserkreislauf die zerstörerischen Informationen auf und gibt diese an Mensch und Natur weiter.
- HAARP provoziert Dürre, verstärkten Wuchs von giftigen Pflanzen und sumpfhaltigen Boden.
- HAARP ist mittlerweile auf dem gesamten Globus aktiv.
- Wir entdecken, HAARP kann noch mehr. Infra-Schall-Waffen, Elektro-Kanonen, Schall-Akustik-Gewehre.
- Wir finden heraus, die Anunnaki hatten bereits diese Waffen entwickelt.
- Prof. Dr. Sitchin zeigt in seinen Übersetzungen auf, dass die Anunnaki in einem zweiten Pyramidenkrieg HAARP zum Einsatz brachten.
- Wir erfahren, die letzten Tafeln von Enki, (Kommandant der Erdmission) enthüllen das Geheimnis der großen Pyramide von Gizeh und ihre Funktion als Massenvernichtungswaffe.
- Wir stellen fest: In den 1980er- und 1990er-Jahren hielten sich CIA und staatliche Wissenschaftler unter strengster Abschirmung in Gizeh auf.
- Wir bemerken die Ähnlichkeit zwischen HAARP und der Massenvernichtungswaffe der Anunnaki.

Wieder einmal hat die USA die Welt geschickt getäuscht. Barack Obama als Präsidenten der Welt zu präsentieren, war ein genialer Schachzug. Das zeigt schon die Tatsache, dass ihm bereits kurz nach seinem Amtsantritt der Friedensnobelpreis verliehen worden ist. Seine Ausstrahlung und sein jugendhaftes Auftreten unterstrichen die Täuschung. Wir alle sind darauf hereingefallen und wollten in ihm nach der kriegerischen Bush-Regierung den Friedensfürst sehen.

Heute müssen wir zu unserem Entsetzen feststellen:
Nichts ist so, wie es scheint.

Subatomare Partikel

Erzeugt die riesige Anlage in der Schweiz ein schwarzes Loch?

Nach zwei UNESCO-Konferenzen in Florenz und Paris unterzeichneten elf europäische Regierungen die Vereinbarung zu einem provisorischem CERN (Council Europeen pour la Recherche Nucléaire. Auf Deutsch: Europäisches Forschungszentrum für Teilchenphysik).

- Im Mai 1952 traf sich der provisorische Rat zum ersten Mal in Paris, und am 29. Juni 1953 auf der 6. Konferenz des provisorischen CERN ebenfalls in Paris unterzeichneten Vertreter der zwölf europäischen Staaten die Gründungsurkunde.
- 1953 wurde auf einer Konferenz in Amsterdam der Sitz des CERN und dessen Laboratoriums in der Nähe von Genf bestimmt.
- Am 10. Juni 1955 erfolgte die Grundsteinlegung des CERN-Laboratoriums.
- Ursprünglich war CERN vor allem für die Forschung im Bereich der Kernenergie vorgesehen, aber schon bald entstanden die ersten „Teilchenbeschleuniger".
- 1957; das „Synchron-Zyklotron" (beschleunigte Protonen bis zu 600 MeV) wurde erst 1990 abgeschaltet.
- 1959 folgte das „Protonen-Synchronton" (erzeugte eine Protonenenergie von 28 GeV). GeV ist übrigens eine Einheit der Energie, die in der Atom-, Kern- und Teilchenphysik benutzt wird. Man kann auch getrost *Elektronvolt* sagen.
- 1965 wiederum kam der „Intersecting-Storage-Ring" (ISR) dazu.

- 1968 ging der erste Teilchendetektor, der in einer gas-gefüllten Kammer eine große Anzahl parallel angeord-neter Drähte hinsichtlich besserer Orts- und Energieauf-ladung enthielt, in Betrieb.

- 1970/71 untersuchte man Neutrina-Reaktionen in so genannten Blasenkammern, auch als Gargamelle (BEBC) bezeichnet.

- 1971 wurde der ISR fertiggestellt.

- 1973 gelang mit Gargamelle, die neutralen Ströme der Z0-Teilchen festzuhalten.

- 1976 folgte der Super-Protonen-Synchrontor (SPS), mit einem Bahnumfang von 7 km, Protonen und einer Ener-gie von 400 GeV.

- 1981 wurde er zum Proton-Antiproton-Collider ausge-baut.

- Im Mai 1983 wurden im CERN die W- und Z-Bosonen entdeckt. Bosonen sind im Standartmodell der Teilchen-physik alle Teilchen, die der Bose-Einstein-Statistik ge-nügen.

- Anschaulich gesprochen sind Bosonen diejenigen Teil-chen, welche die Kräfte zwischen den Fermionen (das sind diejenige Teilchen, aus denen die Materie besteht, quasi Materialteilchen) vermitteln.

- 1989 ging der Large-Electron-Positron-Collider (LEP) mit einer Energie von 100 GeV in Betrieb.

- 1999 begannen die Bauarbeiten für den LHC (Large-Hardon-Collider) in dem Tunnel des Large-Electron-Posit-ron-Colliders, die 2000 endgültig fertig waren.

Die Anlage LHC besteht aus einer unterirdischen Röhre mit 27 km Umfang, welche mit 9.300 Magneten bestückt ist.
Zurzeit stellt diese Anlage den **größten Teilchenbeschleuni-ger der Welt** dar.
Wird sie hochgefahren, dann muss zuerst die Betriebstem-peratur in 2 Stufen heruntergefahren werden.

In Stufe 1 werden die 9.300 Magnete mittels flüssigem Stickstoff auf −193,2 Grad Celsius heruntergekühlt und in Stufe 2 auf −271,25 Grad Celsius. Danach herrschen in der Röhre Temperaturen wie im All.

Anschließend werden Elementarteilchen, also Protonen mit beinahe Lichtgeschwindigkeit, durch die Röhre geschossen. Genauer gesagt wird in die eine Richtung ein Strom von Elektronen geschossen, die Anti-Elektronen erzeugen, gleichzeitig wird in entgegengesetzter Richtung ein weiterer Elektronenstrom zugeführt.

Die zwei Ströme bleiben in dem Ring mehr oder weniger getrennt, werden dann aber an einer Stelle aufeinandergeleitet, wo die Teilchen dann miteinander kollidieren und sich gegenseitig vernichten. Die dabei frei werdende Energie erzeugt dann weitere Partikel.

Diese Anlage ist im Prinzip ein riesiger elektrischer Kreis. Man nennt einen solchen Kreis auch einen Torus. Das um ihn liegende elektrische Feld beschleunigt geladene Teilchen. Und damit diese auch immer schön im Kreis laufen, werden Magnetfelder überlagert. Die kreisenden Teilchen nehmen dann aus dem elektrischen Feld Energie auf, die sie in Bewegung umwandeln. Ihre Geschwindigkeit wächst dabei ständig an. Dabei nehmen die beschleunigten Teilchen an Masse zu. Die letztliche Kollision simuliert, laut Aussage der Wissenschaftler, den „Urknall". Man kann die Kollision jedoch auch mit dem Sterben eines Neutronensterns vergleichen, das letztlich ein schwarzes Loch erzeugt.

Im All entstehen diese schwarzen Löcher auch durch sterbende Neutronensterne. Denn ein Neutronenstern war ursprünglich mal ein Stern, der zu einer erstaunlich kleinen Kugel zusammengefallen war und dabei eine nicht vorstellbare Dichte erreicht hat. Irgendwann aber kommt er dann an einen Punkt, wenn er etwa einen Durchmesser von rund

15 km erreicht hat, an dem die Kernkräfte ein weiteres Zusammenschrumpfen verhindern.

Und was geschieht mit einem Stern, der außerordentlich schwer ist, also viel Masse besitzt? Er schrumpft, denn wenn er das Neutronenstadium erreicht hat, sind wegen der großen Masse die Gravitationskräfte weitaus wirksamer als alle anderen Kräfte, die das Zusammenfallen verhindern könnten. Das bedeutet: Die Sternkugel schrumpft und schrumpft, bis sie praktisch verschwunden ist. Und anstelle des massenreichen Sternes bleibt nur noch ein winziges Partikel mit der ursprünglichen Sternmasse übrig.

Wichtig dabei ist: In der Umgebung dieses Partikels herrscht ein so hohes Gravitationsfeld, dass nichts seinem Einfluss entfliehen kann, nicht einmal mehr Licht. Ganz gleich wie hell der Stern wäre, wir können ihn nicht sehen und da ein schwarzes Loch unsichtbar ist, kann es nur durch die Effekte nachgewiesen werden.

Nur gibt es dabei auch einige Risiken, denn innerhalb eines schwarzen Lochs haben der Raum und die Zeit sehr seltsame Eigenschaften.

Damit Sie sich die Veränderung in der Umgebung eines schwarzen Loches besser vorstellen können, möchte ich Ihnen die Situation am Beispiel eines Gummibandmodells darstellen:

Stellen Sie sich bitte vor, auf diesem Gummiband würde ein das schwarze Loch erzeugendes, super schweres Partikel in dem Gummiband eine sehr tiefe und schmale Grube bilden. Weltraumreisende oder andere Objekte, die sich dieser Grube nähern, unterliegen der großen Gravitationsanziehung, die fühlbar wird. Außerdem gehen die Uhren immer mehr nach. Nur wenn das Objekt genügend eigene Kraft besitzt, kann es aus dem Gefälle zum schwarzen Loch hin entkommen, bevor es darin verschwindet.

Es gibt ein bestimmtes Gebiet um das Loch, das durch seinen Schwarzschildradius bestimmt ist. Hat irgendein Objekt diese Grenze überschritten, dann kann es dem schwarzen Loch nicht mehr entkommen und fällt in es hinein. Anders ausgedrückt kann das eventuell vom Loch erzeugte Licht diesen Bereich nicht verlassen - das schwarze Loch ist daher unsichtbar. Das Problem dabei ist, dass ein schwarzes Loch nicht zweidimensional ist, sondern eine Kugel, der sich jedes Objekt von jeder Richtung her nähern kann. Überall würde es auf eine Störung treffen.

Ich kann förmlich fühlen, wie Ihnen als Leser jetzt der Kopf brummt und Sie sich fragen: *Warum schreibt der jetzt über diese komplizierten Abläufe? Das passt doch nicht zum Thema!*

Nun, es hat schon seinen Grund, warum ich CERN in diesem Buch erwähne. Zwar ist CERN, soweit ich informiert bin, keine militärische Waffe, dennoch kann CERN die Erde bedrohen, denn die verantwortlichen Stellen wissen sehr wohl, dass mit dieser Anlage ein schwarzes Loch erzeugt werden kann.
Genauer gesagt, sie „wollen" ein schwarzes Loch erzeugen und sich diesem von einer Seite her nähern, ebenso nahe, dass sie sich im Umfeld des Schwarzschildradius aufhalten können. Gelingt ihnen das, dann ist es ihnen möglich, die immense Energie umzuleiten und für andere Zwecke zu verwenden.

Bisher sind alle Versuche gescheitert, ein schwarzes Loch aufrechtzuerhalten, daher existieren auch keine exakten Daten über die tatsächliche Stärke der Energieausschüttung. Sollte es jedoch den Wissenschaftlern tatsächlich gelingen, ein schwarzes Loch zu erzeugen, dann müssen Sie sich dieses

Loch ungefähr so groß vorstellen wie einen Punkt, der allerdings ein Gravitationsfeld von unvorstellbarer Stärke besitzt. Das Risiko an der Sache ist, dass nicht hundert Prozent gewährleistet ist, dass die Schutzschilde halten werden. Solange die zwei Ströme in dem Ring mehr oder weniger getrennt bleiben, kann nicht viel Unheil geschehen, auch wenn an irgendeiner Stelle der Röhre ein Leck ist. Gefährlich wird es erst, wenn beide Ströme an einer Stelle aufeinandergeleitet werden, wo die Teilchen dann miteinander kollidieren und sich gegenseitig vernichten. Das dann entstehende Gravitationsfeld wurde bisher nur simultan am Computer errechnet.

Dazu müssen Sie wissen, dass die Stelle, an der die beiden Ströme miteinander kollidieren, eine separate Kammer ist. Sozusagen ein Hochsicherheitstrakt mit entsprechenden Schutzschildern. Die Kammer wird halten, eben knapp an der gefährlichen Obergrenze. Die Sorge gilt eher den Maßnahmen nach der Entstehung des schwarzen Lochs. Dann, wenn versucht wird, seine Energie umzuleiten, denn auch hier ist die Wissenschaft auf theoretische Auswertungen und Computersimulationen angewiesen.
Hauptsächlicher Verfechter dieser Theorie war der Englische Physiker Stephen Hawking. Seine Theorie besagt, dass die riesigen Gravitationskräfte am Ereignishorizont eines schwarzen Loches das Atom in seine Bestandteile, also in Partikel und Antipartikel zerlegen kann. Unter normalen Umständen würden sie sich gegenseitig vernichten. Gelingt es jedoch, ein Partikel vom schwarzen Loch einzufangen, damit das andere entweichen kann, dann könnte man diesen Gammastrahlenausbruch umleiten und als Energiequelle nutzen. Das große Risiko jedoch ist, dass die Aufsplitterung der Atome an ihren Schwarzschildradien einer Explosion von mehreren hundert Wasserstoffbomben gleicht. Je nachdem wie groß dieses schwarze Loch ist, reichen die derzeitigen

Schutzschilde nicht aus. Was dann geschieht, darüber gibt es mehrere Varianten.

Hierüber wusste Jürgen mir einiges zu berichten: Wenn z. B. die Aufsplitterung so gewaltig ist, dass die Schutzschilde zerbersten, dann zerstört die darauf folgende Explosion die gesamte Anlage und einen Großteil der Schweiz. Noch gruseliger wird es, wenn das schwarze Loch stabil bleibt, nachdem die Schutzschilde zerstört sind. Denn dann könnte es passieren, dass das schwarze Loch alles um sich herum verschlingt und in das Erdinnere verschwindet, um dann am anderen Ende der Erdkugel wieder aufzutauchen und dort ebenfalls erheblichen Schaden anzurichten. Durch den Erdmagneten würde dann das schwarze Loch immer wieder ins Erdinnere gezogen werden und jeweils am anderen Ende wieder auftauchen. Diese Prozedur würde solange dauern, bis der gesamte Planet zerstört ist und letztlich in dem schwarzen Loch verschwunden ist.

Die von mir zuletzt geschilderte Möglichkeit wird wohl laut Aussage von Jürgen nicht unbedingt eintreten, denn soweit er informiert ist, haben die dortigen Wissenschaftler für einen derartigen Notfall eine Sicherung eingebaut. Aber ob es auch zu keiner Explosion mit allen seinen verheerenden Auswirkungen kommt, bezweifelt er stark.

Alles sehr beunruhigend, oder? Zumal auch wir hier nicht im geringsten Einfluss auf das Geschehen haben, sondern sämtlichen Auswirkungen hilflos ausgeliefert sind.

Sicher, in der Vergangenheit wurden Fortschritte öfters durch Versuche und Experimente ermöglicht. Ich jedoch bin der Meinung, da wir uns heute wissenschaftlich so weit entwickelt haben bzw. wir mittlerweile in der Lage sind, an der „Grundsubstanz" des Lebens zu forschen, jeder Schritt, jeder

Versuch und jeder Test sorgsam bedacht sein soll, da jeder Test bzw. Versuch das Leben auf diesem Planeten in Gefahr bringen kann.

Wir alle sind eine bestimmte Zeit lang Besucher auf diesem schönen blauen Planeten und so sollten wir uns auch verhalten.

Nicht zerstören
(auch nicht durch wissenschaftliche Erkenntnisse)
und auch nicht erobern, sondern in Einklang
mit diesem Planeten leben.

So lautet die Order!

Was kann ab 2019 auf uns zukommen?

Es existieren mittlerweile Unmengen von Büchern und Berichten über so genannte „außergewöhnliche Erscheinungen/Ereignisse". Das führt dazu, dass es immer schwieriger für einen Buchautor wird, sich diesem Thema zu widmen, zumal so manche Berichterstattung mehr als phantastisch klingt bzw. sich der Heimatplanet dieser Wesenheiten ständig verändert. Mal ist es der Mars, dann wieder die Venus, der Jupiter oder gar der Mond.

Damit auch Sie als Leser sich einmal ein klares Bild machen können, ob und wo Leben überhaupt möglich ist, werde ich mit Ihnen eine kurze Reise zu den einzelnen, in unserem Sonnensystem existierenden Planeten machen.

Unsere Reise beginnt im Innern des Planetensystems, mit dem Planeten Merkur. Von da aus reisen wir langsam nach außen zu den anderen Planeten ...

Weil **Merkur** der Sonne sehr nahe steht, sind direkte Beobachtungen von der Erde aus sehr schwierig. Lange Zeit glaubten die Astronomen, dass auch Merkur wie der Mond uns immer die gleiche Seite zuwendet. Man spricht dabei von gebundener Rotation. Aber Radarmessungen haben ergeben, dass sich der Merkur in 59 Tagen einmal um seine eigene Achse dreht. Außerdem ist dieser Planet der Kleinste, wobei seine Oberfläche der des Mondes sehr ähnelt. Die amerikanische Sonde Mariner 10 fand ein schwaches Magnetfeld und zur Überraschung vieler Wissenschaftler trotzdem eine Magnetosphäre. Die Schwankungen der Oberflächentemperatur sind hier am größten. Die von der Sonne beschienene Seite erreicht etwa +400 Grad Celsius, die Nachtseite dagegen −200 Grad Celsius. Merkur ist also ein sehr unfreundlicher und unbewohnbarer Planet und er wird sicherlich auch keine irgendwie gearteten Lebensformen tragen.

Reisen wir also weiter zum Planeten **Venus**. Der Planet Venus wurde bis in die frühen 1960er-Jahre hinein von vielen Astronomen als der bevorzugte Kandidat dafür angesehen, irgendwelche Lebensformen beherbergen zu können. Die Venus ist von ähnlicher Größe wie die Erde. Eine ständige und sehr dichte Wolkendecke hindert die Astronomen daran, auf die Venusoberfläche zu blicken und sie zu studieren. Man glaubte, eine warme und dunkle Welt voller Ozeane vor sich zu haben. Aber die von sieben Weltraumsonden der Sowjetunion, die in die Venusatmosphäre eindrangen, und den amerikanischen Mariner-Sonden zurückgesendeten Daten vermittelten den Wissenschaftlern eine sehr unfreundliche Welt.

Die gelandeten Verena-Sonden konnten die Planetenoberfläche fotografieren und bestätigten diese Ansicht. Die Wolken, bestehen größtenteils aus Schwefelsäure und die übrige Atmosphäre hingegen aus Kohlenstoffoxyd. Die Temperatur an der Oberfläche ist etwa 460 Grad Celsius und der Atmosphärendruck 90-mal größer als auf der Erde.

Überraschenderweise ist die Nachtseite der Venus wärmer als die der Sonne direkt gegenüberstehende Seite. Die amerikanischen Pioneersonden zeigten auf, dass trotz der dicken Wolkenschicht die Oberfläche der Venus hell beleuchtet ist. Weiterhin entdeckten die Sonden auf der Venus keine hohen Berge. Dennoch wird es sicherlich noch viele Jahre dauern, bis die Venus ihren Anspruch, der geheimnisvollste Planet des Sonnensystems zu sein, verloren hat.

Und weiter geht's zum nächsten Planeten, den **Mond**. Er ist der größte Mond im Sonnensystem. Und wie Sie sicherlich in Erinnerung haben, betrat ihn am 21.07.1969 der Mensch zum ersten Mal. Fast die gesamte stark zerklüftete Mondoberfläche wurde anscheinend in seinen frühen Tagen gebildet, so ungefähr vor rund 400.000.000 Jahren. Durch den Einsturz von großen Meteoriten und Kometen wurden riesige Krater erzeugt.

Weil der Mond praktisch keine Atmosphäre besitzt, können Brocken aus dem Weltraum ohne Abbremsung auf seine Oberfläche stürzen. Daher ist die Oberfläche vollständig umgewühlt und mit einer tiefen Schicht Staub bedeckt. Dazu trägt einiges auch der Temperaturwechsel alle 14 Tage bei, der die Felsen aufknackt. Die Temperatur schwankt zwischen +120 Grad Celsius und −180 Grad Celsius.

Wissenschaftler bestätigen, dass alle Untersuchungen der mitgebrachten Mondgesteine ergeben haben, dass es dort kein Leben gibt. Allerdings können die insgesamt 3000 Untersuchungen nicht Aufschluss darüber geben, ob der Mond sozusagen als Zwischenstation genutzt wurde.

Nachdem wir uns nun mit dem Mond lange und ausführlich beschäftigt haben, begeben wir uns zum nächsten Planeten, dem roten Planeten **Mars**. Insgesamt haben sich 15 Raummissionen seit 1965 diesem Planeten genähert. Später landeten die Sonden Viking 1 und 2 auf seiner Oberfläche.

Die Viking-Invasion belohnte uns schließlich mit ausgezeichneten Farbbildern der Marsoberfläche, die in der Tat rot ist. Die Sonden griffen Marsboden auf, um diesen dann in den Laboren vielen Tests zu unterwerfen. Die Wissenschaftler kamen letztlich zu einem erstaunlichen Ergebnis: „Wir fanden kein fremdes Leben, dafür aber einen für uns fremden Boden".

Der Mensch kann sich noch keinen Reim auf diese Entdeckung machen. Wahrscheinlich hatte der Mars einstmalig eine merkbare Atmosphäre, die im Wesentlichen aus Stickstoff bestand.

Vermutlich existierte sie vor etwa 4.500.000.000 Jahren. Sicherlich gab es auch Regen, wenn auch die Oberfläche nun völlig trocken ist. Aber sie enthält Beweise dafür, dass Wasser in den vielen, jetzt trockenen Flussläufen vorhanden gewesen sein muss. Allerdings, diese Kanäle haben nichts mit denen zu tun, die einst als Marskanäle berühmt und berüchtigt waren.

Außerdem konnte man auch in der nördlichen Marshemisphäre große Wolkenbänke feststellen. In einigen Kratern entdeckte man sogar Raureif. Vielleicht gibt es ja im Marsboden oder in der Tiefe noch Wasser. Entweder gefroren oder im Gestein chemisch gebunden.

Allerdings konnte das bis jetzt noch nicht bewiesen werden. Fest steht allerdings, dass die Marsatmosphäre viel dünner ist, als es die Wissenschaftler für möglich hielten. Sie besteht hauptsächlich aus Kohlenstoffdioxid.

Manchmal streifen auch Winde mit einer Geschwindigkeit von 500 km/h über die Oberfläche und verursachen heftige Sandstürme, die große Teile der Oberfläche unsichtbar machen. Dabei werden auch gewisse Oberflächenformen verändert, von denen die Wissenschaftler von der Erde aus gesehen meinten, sie seien Zeichen einer sich ändernden Vegetation.

Auf dem Mars gibt es vier riesige Berge, die wie Vulkane aussehen. Aber man fand keine seismischen Aktivitäten, sodass die Gebilde im Grunde keine Vulkane sein können.

Letztlich kam die Wissenschaft zu dem Schluss, dass in einem kurzen Abschnitt der Marsgeschichte Kometen Wasser und Gase gebracht haben müssen. Man glaubt auch Beweise zu haben, dass sich das Marsklima relativ oft geändert haben muss. Wenn das richtig ist, dann können vielleicht zukünftige Sonden doch noch Reste von seit langem toten Organismen aus dem Marsboden graben.

Als nächsten Planeten steuern wir den **Jupiter** an. Der Planet Jupiter ist so riesig, dass er in seinem Inneren alle anderen Planeten des Sonnensystems aufnehmen könnte. Er ist eine große gasförmige Kugel, deren äußere Bereiche außerordentlich kalt sind. Pioneer 10 war die erste Raumsonde, die im Dezember 1973 an Jupiter vorbeiflog. Sie schickte Bilder und Daten zurück, die nahezu alle unsere wissenschaftlichen Vorstellungen über Jupiter zerstörten.

Der Planet hat ein viel stärkeres Magnetfeld als die Erde und enorme äußere Bereiche, in denen Elektronen und Protonen aus dem Weltraum eingefangen sind, sodass diese für uns bei einem Besuch sehr gefährlich sein könnten.

Vor allem verhielt sich die Raumsonde in der Nähe des Planeten nicht so, wie es von ihr erwartet worden war. Daher musste die zweite Pioneersonde so umprogrammiert werden, dass sie über einen der Pole des Planeten flog, um nicht durch das starke Magnetfeld gestört zu werden.

Zwei Jahre und zwei Monate nach dem Vorbeiflug an Jupiter wurde die Sonde Pioneer 10, die das Sonnensystem verlassen sollte, vom Planeten abermals beeinflusst. Sie befand sich zu der Zeit jenseits der Bahn des Saturns und maß dort den ständig wehenden Sonnenwind. Aber ganz plötzlich fielen die entsprechenden Instrumente auf null zurück und zeigten 24 Stunden keinen Wind an, der jedoch nach wie vor im Weltraum draußen wehte. Genauer gesagt, die Sonde war im März 1976 in den vom Jupiter weit in den Raum hinausreichenden Strahlungsschweif eingedrungen. Sonne, Jupiter und Pioneer 10 lagen sozusagen in einer Linie. Von diesem Schweif wird der Sonnenwind reflektiert, sodass er in ihn nicht eindringen kann.

Jetzt weiß die Wissenschaft, dass der Magnetschweif des Jupiters auf der sonnenabgewandten Seite
etwa 640.000.000 km lang ist. Dadurch wandert Saturn etwa alle 20 Jahre durch diesen Bereich hindurch.

Bereits 1983 drang eine Sonde in die Jupiteratmosphäre ein, dabei entdeckten die Wissenschaftler, dass in der Jupiteratmosphäre reichlich Biotat vorhanden ist, also lebende Organismen. Allerdings konnte bis heute noch kein eindeutiger Beweis erbracht werden.

Lassen Sie uns nun den nächsten Planeten besuchen. Es ist, wie Sie sicherlich wissen, der Planet **Saturn**. Auch der Saturn mit seinem schönen Ring zählt zu den Riesenplaneten. Die Reflektionen der Radarsignale am Ring haben gezeigt, dass dieser aus festen Brocken von 1 m Größe besteht. Es existieren insgesamt 4 Ringe, die zusammen eine Strecke von 16 km ergeben.

1979 näherten sich Raumsonden dem Planeten und die Wissenschaftler entdeckten, dass die Ringe aus Milliarden winzigster Staub- und Eispartikel bestehen. Sie reflektieren das Sonnenlicht und erwecken den Eindruck, als wären die Ringe dicht gepackt. Das ist aber nicht der Fall, denn manchmal kann man durch sie dahinter stehende Sterne hindurchblinken sehen.

Die Oberfläche des Planeten ähnelt der des Mondes. Die Atmosphäre des Planeten ist sehr gashaltig und kalt, daher ist auf diesem Planeten mit großer Wahrscheinlichkeit kein Leben zu entdecken.

Bis zu Beginn des Jahres 1977 glaubte man, dass der Saturnring ein einzigartiges Phänomen sei. Nun aber haben Dr. James Elliot und sein Team an der Cornell Universität in New York erkannt, dass auch Uranus Ringe besitzt. Sie sind allerdings zu schwach, um mit dem Auge wahrgenommen zu werden und viel dünner als die Saturnringe. Übrigens ist auch **Uranus**, ähnlich wie Saturn, ein großer und kalter Planet.

So, jetzt bleiben auf dieser Reise nur noch die beiden Planeten Neptun und Pluto übrig. Das Vorhandensein **Neptuns**, der dem Uranus sehr ähnlich ist, wurde bereits 1846 aufgrund von Störungen vorausgesagt, die dieser auf Uranus ausübte. Drei Jahre später fand der Berliner Astronom Galle den Planeten ungefähr dort, wo er nach der Theorie stehen sollte.

Auf dem gleichen Wege wurde auch der Planet **Pluto** vorausgesehen, indem Störungen in der Neptunbahn untersucht wurden. Aber erst 16 Jahre später, im Jahre 1930, fand man diesen einsamen, kleinen und kalten Planeten. Allerdings sind die Wissenschaftler heute noch stutzig, denn um die Bahnstörungen bei Neptun hervorzurufen, ist Pluto viel zu klein.

Daher glaubten viele Wissenschaftler an einen **zwölften Planeten**, denn er füllt genau die Lücke zwischen Mars und Jupiter.

Allerdings ist seine Umlaufbahn um die Sonne um ein vielfaches Größer als die der anderen Planeten. Hinzu kommt, dass dieser Planet keine linksläufige Bahn hat, sondern eine im Uhrzeigersinn, also rechtsläufig.

Mittlerweile konnte dieser fehlende **„zwölfte Planet"** tatsächlich hinter der Sonne ausgemacht werden. Aber schon lange vor dieser wissenschaftlichen Entdeckung konnte man einiges über diesen Planeten erfahren.

Abgesehen von Sitchins hervorragenden Übersetzungen finden wir auch Antworten in den mesopotamischen Texten. Diese besagen, dass ein zwölfter Planet existiert, der eine Umlaufzeit von 3.600 Jahren hat. Sie gaben ihm den Beinamen „Schar", was so viel wie *oberster Herrscher* bedeutet. Diese Zahl hat tatsächlich etwas mit dem Planeten zu tun, denn die Zahl 3.600 taucht in den babylonischen Schriften öfter auf. Die chaldäischen Herrscher, die laut dem babylonischen Priester und Astronomen Berossos vor der Sintflut regiert haben, sind mitsamt ihren Städten auf einer Liste aufgeführt. Zusammen haben sie 120 Schars lang geherrscht. Ein Schar sind – wie oben erwähnt – 3.600 Jahre. Das ergibt eine Herrscherzeit von 432.000 Erdenjahren. Die Regierungszeit dieser Herrscher wurde demnach in 3.600-jährigen Schar-Einheiten gerechnet.

Die alten sumerischen Texte, auf die sich Berossos gestützt hat, sind sumerische Königslisten, die allesamt entziffert worden sind. Auffallend dabei sind die phantastisch langen

Regierungszeiten, die ausnahmslos das Ergebnis einer Multiplikation mit 3.600 sind. Ein Herrscher zum Beispiel, mit dem Namen Alulim herrschte 8 × 3.600 Schar. Also insgesamt 28.000 Erdenjahre. Oder Alalgar, er herrschte sagenhafte 10 × 3.600 Schar, demnach also 36.000 Erdenjahre. Und so geht es munter weiter, bis zu einem Herrscher Namens Ubartutu; er herrschte nur 5 × 3.600 Schar oder auf die Erdenzeit berechnet 18.000 Jahre.

Ich kann mir an dieser Stelle ein Lächeln nicht verkneifen, denn sicherlich werden Sie denken, *hoppla, da ist ihm aber oft das Komma verrutscht.*
Nun, dem ist nicht so, denn die Zahlen stimmen tatsächlich.

Im Grund genommen ist die hohe Lebensdauer recht simpel erklärbar. Zeit errechnet sich nämlich anhand der Umlaufbahn um die Sonne. Die Erde benötigt dafür ein Erdenjahr. Der zwölfte Planet hingegen 3.600 Erdenjahre. Die Bewohner des zwölften Planeten bezifferten diese 3.600 Erdenjahre als ein Schar, also ähnlich wie unsere Bezeichnung für die Umrundung der Sonne.
So, und nun kommt das Interessante. Unsere innere Uhr, auch Lebensuhr genannt, orientiert sich genau nach diesem Schema. Unsere Lebensspanne ist quasi auf so und so viele Umrundungen der Erde um die Sonne ausgerichtet. Ebenso verhält es sich bei den Bewohnern des zwölften Planeten. Ihre innere Uhr ist ebenfalls auf die Umrundung ihres Planeten um die Sonne ausgerichtet. Also eine Umrundung entspricht einem Schar, aber auf der Erde sind das 3.600 Jahre. Man könnte auch sagen, ihre Lebensuhr tickt um einiges langsamer als unsere.

Aber alle diese sicherlich interessanten Informationen geraten schnell in den Hintergrund, wenn Sie erfahren, dass sich eben dieser Planet ab dem Jahr 2019 der Erde wieder so stark nähert, dass er mit dem bloßen Auge zu sehen sein müsste. Ja, Sie haben richtig gelesen *im Jahr 2019*. *Da war doch auch irgendetwas mit einem Kalender*, werden Sie sicherlich denken. – Nun, ich kann Ihnen versichern, dass die Geschichte um das Datum so vage aufgebaut ist, dass es quasi für jede Art von Spekulationen geeignet ist.

Es ist schon richtig was uns die Wissenschaft über das Datum zu erzählen hat. Nämlich, dass vor tausenden von Jahren die sonnengläubige Hochkultur der Maya in Mittelamerika auf bisher ungeklärter Weise unterging. Sie hinterließ uns einen exakt funktionierenden Kalender, der am 21.12.2012 endete.

Dabei sollten Sie wissen, dass die Mayakultur mit drei verschiedenen Kalendern ihre Zeit maßen: Mit einem spirituellen Kalender, dem so genannten *Tzolkin-Kalender*, einem Tageskalender – auch *Haab-Kalender* genannt, und einem Kalender, um längere Zeitabstände zu messen. Sie nannten diesen Kalender *die lange Zählung*. Mit diesem Kalender werden die Tage gezählt, die seit Anbeginn der Zeit verstrichen sind.

Der Wissenschaft ist es gelungen, aus den vielen gefunden Platten zu entnehmen, dass der Starttag für diesen Kalender von den Mayas auf den 11. August 3.114 v. Chr. gelegt worden ist. Von diesem Datum an zählten sie jeden einzelnen Tag. Interessant dabei ist, dass dieser Kalender eine Zeitspanne von 400 Jahren umfasst. Danach springen sämtliche Zähler auf Null zurück.
Am 21.12.2012 war es dann wieder soweit: Für die Maya endet dann das vierte Zeitalter, das von männlicher Energie dominiert ist.
Jetzt ist das Zeitalter, in welchem weibliche und männliche Energie gleichsam herrschen.

Weiterhin erfahren wir aus der Geschichte, dass sich die Mayakultur intensiv mit der Sonne beschäftigt hat. Bemerkenswert ist dabei, wie genau und detailliert sie ihre Beobachtungen auf Tafeln festgehalten haben.

Die heutige Wissenschaft hat ebenfalls mit unzähligen Messungen die Sonne genauestens studiert, und dabei festgestellt, dass sie gewöhnlich ein paar Flecken hat. Mal mehr, mal weniger, jedoch absolut verlässlich schwankt die Zeit, in der derartige Flecken zu erkennen sind. Nämlich in einem Rhythmus von elf Jahren. Nach einer fleckenarmen Periode wäre es jetzt wieder für ein paar dunkle Stellen auf dem „Glut–Ball" an der Zeit gewesen.

Aber dem ist nicht so. Die Sonne ist quasi unbefleckt. Es sieht fast so aus, als würde dieser Planet tief Luft holen um dann mit verstärkter Macht seinen Teilchenstrom in Form eines gigantischen Sonnenwindes ins All und somit auch auf den Planeten Erde zu schleudern. Die Folgen wären katastrophal, denn unser heutiges Leben hängt weitaus stärker von der Sonne ab, als das der Maya. Heute reicht schon eine genügend große Protuberanz, um unsere Kultur nachhaltig zu schädigen, denn eine auflodernde Sonne würde nicht nur das Erdklima aufheizen, sie würde uns auch einen gefährlichen Teilchenhagel aussetzen.

Ein Sonnensturm könnte laut Expertenschätzung weltweite Schäden von mehreren Billionen Euro verursachen. Zusätzlich wären an die 20.000 Erdsatelliten in Gefahr und mit ihnen die Telefon- und Datennetze. Schiffe und Flugzeuge würden die Orientierung verlieren und nicht zuletzt würde die Stromversorgung kollabieren.

Aber lassen Sie mich noch einmal auf das Thema *Zeitrechnung* zurückkommen. Die Leitung der römisch-katholischen Kirche im Vatikan führte die Zeitrechnung nach Christi Geburt oder auch im Jahre des Herrn, also Anno Domini, erst vor etwa fünfeinhalb Jahrhunderten ein. Damit entfällt quasi für fast Dreiviertel der gesamten neuzeitlichen Zählung die Garantie.

Gesichert ist, dass Kaiser Konstantin, der als Pontifex Maxims oberster Herr aller Religionen seines Reiches war, in seinem Sommerpalast bei Byzanz in Nicäa alle christlichen Bischöfe der Welt zu einem Treffen eingeladen hatte. Es kamen tatsächlich die gesamten Bischöfe aus allen Gegenden des römischen Reiches sowie des gesamten Orients, Arabiens, Persiens, des Skythen Landes und Nordafrikas. Die wichtigste Person auf diesem Konzil war der Bischof von Alexandria, Athanasius.

Nun, auf diesem besagten Konzil wurde der *Heilige Geist* als dritter Teil der christlichen Gottheit rechtskräftig anerkannt und das dort beschlossene Glaubensbekenntnis der europäischen Bischöfe zur allgemeingültigen Formel der Christenheit.

Gleichzeitig wurde das Geburtsjahr Jesu festgelegt, denn die Aufstellung unserer Jahreszählung nach Christi Geburt hatte nur einen einzigen Anlass: Man wollte damals genau festlegen, wann seit Jesu Geburt ein Jahrtausend vergangen ist, denn die Kirche predigte die Rückkehr des Heilands nach dieser Zeitspanne.

Natürlich wollte jeder bei dieser Wiederauferstehung dabei sein und folgte daher peinlichst genau den Regeln der Kirche. Natürlich gab es Berichte über das Leben und Wirken Jesu und es gilt auch sicher, dass er zur Zeit des Herodes tatsächlich bereits gelebt hatte.

Jedoch das Datum 24.12. zum Beispiel ist nicht das Geburtsdatum Jesu. Tatsächlich konnte die heutige Wissenschaft aus den unzähligen Schriftrollen entnehmen, dass Jesus am 08. April geboren wurde. Weiterhin entdeckte die Wissenschaft, dass sich die damaligen Bischöfe im Geburtsjahr Jesu um ca. sieben Jahre vertan haben.

Demnach haben wir heute das Jahr 2013.

Was aber könnte uns ab 2019 erwarten? Ein so genannter Weltuntergang?

Nun, aufgrund einer besonderen Konstellation der Planeten Sonne und Erde und der zu erwartenden auflodernden Sonne wird es sicher zu den oben aufgeführten Katastrophen kommen. Verstärkt wird dieses Szenario noch, sollte in diesem Jahr der zwölfte Planet sichtbar werden, da er aufgrund seiner enormen Größe und Anziehungskraft bei allen Planeten, also auch der Erde, für gewaltige Unruhen (Orkane, Tsunamis, Vulkanausbrüche, usw.) sorgen wird.

Was die Bewohner des zwölften Planeten betrifft, die Anunnaki, da befürchte ich, dass die USA und ihre Verbündete diese nicht gerade herzlich willkommen heißen, sondern vielmehr der Meinung sein werden, es wäre jetzt der richtige Zeitpunkt, alle ihre entwickelten Waffen (HAARP usw.) im Kampf gegen diese „Eindringlinge" zum Einsatz zu bringen.
Bleibt nur zu hoffen, dass die Anunnaki um vieles weitsichtiger sind als wir Menschen.
Allerdings bin ich mir sicher, dass sich Politik, Militär, Wirtschaft, z. T. Wissenschaft und Kirche auf eine umwälzende Veränderung gefasst machen müssen, da sie letztlich auch die Verantwortlichen für die Tragödie Menschheit sind.

Was ich zutiefst bedaure, ist die Tatsache, dass wieder einmal wir Menschen als Volk am stärksten unter dieser „Unfähigkeit" zu leiden haben werden.

Dennoch bin ich zuversichtlich, dass wir auch diese Krise überstehen und mit vereinten Kräften eine neue und bessere Zukunft schaffen werden.

Berichte von außergewöhnlichen Begegnungen

Ich bin mir sicher, jeder von Ihnen hat schon einmal Berichte über außergewöhnliche Erscheinungen gelesen oder von UFO-Sichtungen gehört. Und sicherlich gingen auch die Meinungen über die Echtheit der Berichte weit auseinander, was nicht verwunderlich ist, da es eine wahre Flut derartiger Darstellungen gibt.

Es ist wahrlich schwierig, aus diesem Berg von Erzählungen, Berichten und Dokumentationen wahre Begebenheiten herauszufiltern. Ich habe mir diese Mühe gemacht und bin dabei auf so manche interessante Berichterstattung gestoßen. Zuvor aber, möchte ich Sie auf außergewöhnliche Begebenheiten aufmerksam machen, die so gar nichts mit UFOs oder Außerirdischen zu tun haben, aber dennoch einen festen Platz in den Mythen und Sagen haben, denn dort wird über hochgewachsene Menschen genauso berichtet, wie über Kleinwüchsige. Es gibt auch Aussagen von unendlich weit reichenden Schächten, in denen Relikte entdeckt wurden, die keiner bekannten Zivilisation zugerechnet werden konnten. Außerdem haben auch heute noch viele Städte Höhlen und Tunnelsysteme.

In Moskau zum Beispiel gibt es ein von Stalin geschaffenes Untergrundsystem, in dem sich hunderttausende Menschen neben militärischen Befehlszentren, Versorgungslagern, Waffenkammern, Reparaturwerkstätten und einem Bauernhof befinden.
Auch unter Prag wurden seit dem 14. Jahrhundert beständig Bunker oder Versammlungsräume ausgebaut. Aber auch unter den Straßen der argentinischen Hauptstadt Buenos Aires hat man bereits ein 15 km langes Netz von Räumen entdeckt, die allesamt mit Gängen verbunden sind.

So etwas Ähnliches wie in Buenos Aires gibt es aber auch in New York. Dort existiert ein dreieckiges Tunnelsystem, dass von einer Freimaurerloge genutzt wird. Das gleiche gilt für Manhattan. Dann gibt es noch in der Nähe der ungarischen Stadt Eger ein über 60 km umfassendes, recht altes, aber technisch hochstehendes Tunnelsystem. Allerdings weiß man bis heute nicht, wer der Erbauer ist.

Ein gewisser Dr. Ron Anjard ist nach jahrelangen Auswertungen der Legenden der Indianer aus den USA zu dem Schluss gekommen, dass es in den USA mindestens 44 unterirdische Städte gibt.

Die Hopi-Indianer beispielsweise glauben, dass ihre Vorfahren aus dem Inneren der Erde gekommen sind, um auf der Erde ein neues Leben zu errichten. Ähnliches gilt für einige Eskimostämme, südamerikanische Indianerstämme und Eingeborenenstämme in Afrika.

Was daran so außergewöhnlich ist? Nun, eben im Zusammenhang mit diesen Höhlenkomplexen ist immer wieder die Rede von Riesen oder Zwergen. In der Tat gibt es einige Berichte über Begegnungen mit zwergenhaften Wesen. Selbst die Wissenschaft stellt sich dieser Tatsache positiv gegenüber. Es gibt auch Autoren, die ganz speziell auf dieses Thema eingehen. Kießling z. B. schreibt in seiner Veröffentlichung: *Über das Rätsel der Erdställe:*

„Die Ausmaße dieser künstlichen Höhlen sind derartig, dass man als Erbauer solcher Werke nur kleinwüchsige Menschen annehmen muss, auch für die Höhlungen, die heute größere Ausmaße zeigen. Die Zeit, in der diese Zwerge gelebt haben, war die des Übergangs der jüngeren Stein- in die Kupfer- bzw. Erz-Zeit, also etwa 2500 bis 200 v. Chr. Die weit ins Altertum zurückreichende Vorstellungen von eigenartigen, sehr kleinwüchsigen Wesen, die sich im Volke so nachhaltig erhalten haben (Zwerge, Kobolde, Wichtel usw.) lassen auf

uralte Überlieferungen aus der Zeit des wahrhaftigen Zwergen Menschentums schließen".

Aber auch über so genannte Riesen gibt es inzwischen Funde.

Goldschürfer fanden zum Beispiel im Juli 1895 in Yosemite Valley Kalifornien eine über 7 Fuß (ca. 2,5 m) große Frauenmumie. Ebenso wurde in Nevada ein Unterschenkelknochen eines Menschen gefunden, der daran gemessen über 3 Meter groß gewesen sein musste.

Weiterhin wurde in den Cascade Mountains eine Höhle gefunden, die voll mit Gebeinen großer Menschen war. Sehr interessant ist auch der Fund südlich des Mount Panamit in der Colorado-Wüste. Hier entdeckte Dr. R. F. Bruce 1964 ein Höhlensystem mit den Resten einer ca. 80.000 Jahre alten Zivilisation. Dr. Bruce schloss anhand der Überreste und einigen Mumien, dass die ehemaligen Bewohner zwischen 8 und 9 Fuß (ca. 2,7–3,0 m) groß gewesen sein mussten. Dieses Höhlensystem hat eine Größe von 290 km. Das veranlasste Dr. Bruce zu glauben, das untergegangene Königreich Mu entdeckt zu haben. Spätere Recherchen brachten jedoch nicht die gewünschte Bestätigung.

Aber auch in europäischen Gebieten wimmelt es nur so von Höhlen und Gängen, die Skelette von klein- und großwüchsiger Menschen freigaben. 1912 beispielsweise wurden in der Steiermark Skelette kleinwüchsiger Menschen gefunden.

In den Sagen und Mythen der Schweiz oder auch Deutschlands gibt es hunderte von Berichten, die sich quer durch die Jahrhunderte ziehen, in denen von Zwergen oder anderen kleinwüchsigen Wesen geschrieben steht.

Die Alpen werden nicht umsonst als Hochburg der Zwerge bezeichnet. Selbst in der Sprache gibt es Zusammenhänge, aus denen interessante Schlussfolgerungen gezogen werden können wie z. B. die Bezeichnung der Troglodyten. *Troglody-ten* kommt aus dem Griechischen und bedeutet so viel wie: Höhlenbewohner.

Übrigens hieß das heutige Eritrea früher einmal Traglodyten-land. Diese Höhlen ziehen sich teilweise sogar über Konti-nente hinweg. Beispielsweise wurde von Wissenschaftlern der Eingang eines Tunnels entdeckt, der unter dem atlanti-schen Ozean verläuft. Auch die Dolstenhöhle in Norwegen führt unter dem Meer bis nach Schottland.

Die Vorstellung, dass die Erde hohl sei, existiert schon seit vielen Jahrhunderten. Auch heute noch glauben die Eski-mos, dass sie ursprünglich aus einem wärmeren Land weit im Norden gekommen sind.

Am genauesten definieren es die Hopi-Indianer. Sie glauben daran, dass vier Welten existieren. Wir befinden uns auf der vierten. Die drei anderen Welten befinden sich im Erdinne-ren.

Selbst in den vedischen Schriften der Hindus wird die Exis-tenz, der im inneren bewohnten Welt beschrieben. Sogar im Buddhismus ist die Welt im inneren hohl und bewohnt. In buddhistischen Klöstern in Tibet und Nepal gibt es Eingänge ins Erdinnere in welcher *der König der Welt* herrscht. Der jetzige Dalai Lama bestätigt das und gibt an, der Stellvertre-ter auf Erden *des Königs der Welt* zu sein und auch in Kontakt mit ihm zu stehen. Auffallend daran ist, egal wo sich diese Höhlen und Gänge befinden, stets sind sie mit einer Ge-schichte verbunden oder einer Begegnung mit Zwergen bzw. Riesen.

1954 zum Beispiel hatte eine italienische Frau in den Wäl-dern Kontakt mit lachenden Zwergen. Sie hatten sie ange-sprochen, da sie aber so erschrocken war, brachte sie keinen Ton heraus. Dafür nahmen ihr die Zwerge einen Strumpf und die Nelken weg, welche sie in ihrer Hand hielt. Danach ver-schwanden sie so schnell wie sie gekommen waren.

Eine weitere Begegnung mit zwergenhaften Wesen ereignete sich am 14.08.1947. Der Maler und Schriftsteller R. L. Johannis suchte an diesem Tag in der Nähe eines kleinen Dorfes in Nordosten Italiens nach Fossilien, als er in einem Tal ein großes rotes, linsenförmiges Objekt zwischen den Felsen entdeckte. Anscheinend hatte es zwei Antennen. In der Nähe glaubte er zwei Jungen zu sehen. Als er jedoch näher kam, waren es zu seinem Schrecken seltsame Zwerge, etwa neunzig Zentimeter groß, mit Köpfen, die größer schienen als bei normalen Menschen. Sie trugen dunkelblaue Overalls aus durchscheinendem Material mit lebhaft roten Kragen und Gürtel. Auf den Köpfen trugen sie braune Kappen, ihre Haut war grün. Die Münder waren schmal, die Augen rund und standen wie große gelblich grüne Pflaumen vor. Als sie sich näherten, blieb Johannis wie versteinert stehen. Schließlich nahm er all seinen Mut zusammen und sprach sie an. Die Zwerge hingegen verstanden ihn nicht und meinten wohl, er sei ihnen feindlich gesonnen.

Plötzlich wurde er von einem Strahl getroffen, der von dem Gürtel eines der Zwerge ausging. Daraufhin näherten sich beide und hoben den Hammer auf, den Johannis hatte fallen lassen, als er zu Boden stürzte. Danach verschwanden die Zwerge hinter den nahe liegenden Felsen.

Johannis brauchte eine Weile, ehe er sich wieder vom Boden erheben konnte. Er ging ein Stück weit in die Richtung, in der die Zwerge verschwunden waren. Konnte jedoch nichts mehr entdecken. Bei der Durchsicht seiner Sachen stellte er fest, dass seine Thermosflasche zerbrochen war, die äußere, metallene Hülle war fort. Der Aluminiumbecher und eine Gabel waren ebenfalls verschwunden, aber auch sein Geologenhammer.

Auffallend an diesen Berichten ist, dass diese Wesen sehr scheu sein müssen und nur selten an die Erdoberfläche kommen, da sie den Kontakt mit Menschen möglichst vermeiden möchten. Wenn sie dennoch zufällig bemerkt werden, ergreifen sie in der Regel die Flucht. Manchmal jedoch greifen sie uns Menschen unerwartet an.

So wie am 28.11.1954: Zwei Lastwagenfahrer fuhren die Straße zwischen Caracas und Petare in Venezuela entlang. Plötzlich blockierte eine undefinierbare braune Kugel die Straße. Einer der beiden Männer verließ den Lastwagen und näherte sich der seltsamen Kugel. Da löste sich die Kugel auf und eine stachelige, zwergenhafte Kreatur stand dem Lastwagenfahrer gegenüber. Erschrocken versuchte er sich in seinem Lastwagen in Sicherheit zu bringen. Doch die Kreatur griff ihn blitzartig an. Nach einem heftigen Zweikampf wurde der Fahrer fünf Meter weit geschleudert. Um sich besser verteidigen zu können, zog er daraufhin sein Messer. Aber die Stiche blieben bei dem Zwerg erfolglos.
Der Beifahrer war inzwischen zur nahe liegenden Ortschaft zurückgerannt. Sein Kollege lag zwischenzeitlich verletzt auf der Straße, jedoch bereit zu kämpfen.
Schließlich wurde er von einem grellen Licht geblendet. Wenige Minuten später trafen auch die örtliche Polizei und der zweite Lastwagenfahrer am Ort des Geschehens ein. Die stacheligen Kreaturen waren verschwunden, sie hatten wohl das grelle Licht für ihre Flucht eingesetzt.

Es gibt noch viele derartige Berichte, aus denen man sehr schön entnehmen kann, dass es wohl doch Zwerge, oder wie auch immer man diese Wesen bezeichnet, gibt.

Was jedoch für wesentlich mehr Aufregung sorgte, waren, und sind es auch heute noch, die so genannten UFO-Sichtungen bzw. Begegnungen mit unbekannten Lebewesen. Viele Bürger sind der Meinung, derartige Erscheinungen wären das „Produkt" des 20./21. Jahrhunderts.

Erstaunlicherweise stimmt das jedoch nicht. Denn wenn man die einzelnen Geschehnisse in die richtige Richtung dreht, dann erfährt man, dass schon vor sehr langer Zeit derartige Vorfälle festgehalten worden sind.

Zum Beispiel gibt es da einen Holzschnitt aus dem 16. Jahrhundert. Er zeigt dunkle Bälle am Himmel, die in Basel im August 1566 gesehen worden waren. Sie ähnelten den blutroten Objekten, die vier Jahre früher in Nürnberg am Himmel auftauchten.

Selbst Christoph Kolumbus notierte in seinem Logbuch einen derartigen Vorfall. Als er an Deck seiner Santa Maria stand und in den Sternenhimmel sah, es war eine Nacht vor seiner historischen Entdeckung Amerikas, entdeckte er in der Ferne schimmerndes Licht. Einer seiner Schiffsleute kam und war ebenfalls Zeuge, wie das Licht mehrere Male in der Nacht verschwand und wieder auftauchte.

Weitere geschichtlich festgehaltene „Erscheinungen" finden wir aus den Jahren 1347/1350. Die schwarze Pest oder der schwarze Tod grassierte zum ersten Mal in Europa. Auch danach wurde Europa noch bis zum 17. Jahrhundert alle zehn bis zwanzig Jahre von kurzen Ausbrüchen der Lungenpest heimgesucht, wobei die Zahl der tödlich verlaufenden Krankheitsfälle immer mehr zurückging.

Sehr viele Menschen aus ganz Europa und anderen von der Pest heimgesuchten Regionen der Welt berichteten nämlich, dass Pestepidemien durch übelriechende „Nebel" verursacht worden sind. Diese Nebel traten häufig nach ungewöhnlich „hellen Lichtern am Himmel" auf.

Auf den ersten Ausbruch der Pest folgten eine Reihe ungewöhnlicher Ereignisse. Zwischen 1298 und 1314 wurden über Europa „sieben große Kometen" gesehen, einer war wohl von „grauenerregender Schwärze". Ein Jahr vor dem Ausbruch der Epidemien in Europa wurde eine „Feuersäule" über dem Papstpalast in Avignon in Frankreich gesichtet. Zu einem früheren Zeitpunkt jenes Jahres beobachtete man einen „Feuerball" über Paris. Er soll eine Zeitlang sichtbar gewesen sein. Die Menschen in Europa betrachteten diese Erscheinung als Omen für die Pest, die bald darauf ausbrach.

Zu den Wahrnehmungen „merkwürdiger Himmelserscheinungen" in der fernen Vergangenheit gehört auch ein spektakuläres Ereignis über der Stadt Nürnberg.
Nürnberg, im April 1561: Dort erschienen damals „Kugeln" und „runde Scheiben" am Himmel.
Einwohner von Basel in der Schweiz beobachteten fünf Jahre später ein ähnliches Schauspiel. Nach zeitgenössischen Berichten war der Himmel plötzlich mit „großen schwarzen Kugeln" übersät, die mit „hoher Geschwindigkeit" in Richtung Sonne flogen. So schnell und geheimnisvoll, wie sie aufgetaucht waren, verfärbten sie sich dann „feuerrot" und verschwanden.
Schmunzeln musste ich, als ich auf einen Bericht aus dem 13. Jahrhundert stieß. Da erließ der Papst ein Dekret, welches die Berichte von solchen „fliegenden Dingen" bei Strafe verbot.

Aber auch Gelehrte beschäftigten sich schon recht früh mit diesen Erscheinungen. 1665 berichtet der Gelehrte Erasmus Francisi in seinem 1.500 Seiten umfassenden Werk *„Mysteriöse Erscheinungen"* darüber.

Konstantin Eduardowitsch Ziolkowski (Vater der sowjetischen Weltraumfahrt) wertete 1886 als echten Beweis für das Vorhandensein unbekannter, vernunftbegabter Kräfte im Kosmos eine geometrische Figur und eine menschliche Gestalt, die er am Himmel ausgemacht hatte.

Zwischen den Jahren 1909 und 1913 erlebte die Welt ihre erste größere Welle von so genannten UFO-Beobachtungen.

Diesmal handelte es sich um ein internationales Phänomen, denn in dieser Zeit kamen Berichte aus Europa, Nordamerika, Südafrika, Japan, Neuseeland und anderen Gebieten der Erde. Den Anfang machte Südwestengland, wo mehrere Personen behaupteten, sie hätten bei Nacht ein „großes, längliches Objekt" mit einem „hellen Licht" hoch über sich am Himmel schweben sehen.

Ein weiteres Ereignis, welches ca. 50.000 Menschen quasi hautnah erleben durften, stammt aus dem Jahr 1917.
Fatima, 13.10.1917: Etwa 50.000 Menschen sahen fassungslos zu, wie sich die Wolken teilten und den Blick auf eine riesige „Silberscheibe" freigaben, die sich wie eine Windmühle drehte und dabei über den Himmel tanzte.
Das „Objekt" strahlte Wärme aus und einige Augenzeugen berichteten später, ihre durchnässte Kleidung sei davon binnen Minuten getrocknet. Nachdem die „kreisrunde Scheibe" sich im Sturzflug der Erde genähert hatte, stieg sie wieder in den Himmel hinauf und verschwand Richtung Sonne.

Alle diese Berichte aus unterschiedlichen Zeiten ähneln sich zu sehr, um sie als Erfindung, Trugbild oder gar Schwindel abzutun. Nicht zu vergessen sind auch die vielen Augenzeugen.
Und dennoch fällt es heute sehr vielen Menschen schwer, daran zu glauben, dass es wohl doch noch andere, weit höhere Intelligenzen in unserem Sonnensystem gibt, die anscheinend hin und wieder bei uns sozusagen „vorbeischauen".
Schuld an diesem Misstrauen sind Menschen wie z. B. G. Adamsski. Er behauptete, am 20.11.1952 in der Wüste Kaliforniens einen Venusianer getroffen zu haben. Jahre später stellte sich heraus, dass das einer der durchdachtesten und erfolgreichsten Schwindel aller Zeiten war, der zur Folge hatte, dass Adamsski, ein Amateurastronom, weltweit um-

herreiste und über seinen Kontakt mit extraterrestrischen Leben berichten konnte. Er wurde königlich gefeiert.
Danach begann eine wahre Flut von so genannten UFO-Sichtungen. Das Problem war, dass viele dieser Sichtungen bzw. Begegnungen keine wirklichen Kontakte mit Wesen unbekannter Herkunft waren, sondern teils gewollte Täuschungen oder einfach auch reine Phantasiegeschichten.
Das führte schließlich zu einer Spaltung der Gemüter. Auf der einen Seite gab es die überzeugten UFO-Spezialisten und auf der anderen Seite diejenigen, die das Ganze als Hirngespinste und Wichtigtuerei belächelten. Was noch hinzukam war, dass alle diejenigen, die von Kontakten mit so genannten außerirdischen Lebewesen berichteten, für sich selbst einen beträchtlichen Nutzen daraus zogen. Hauptsächlich durch Berichte an die Öffentlichkeit.
Natürlich gibt es auch Berichte, die glaubhaft und dokumentiert sind, man muss eben nur ein wenig Geduld haben und sozusagen die Spreu vom Weizen trennen, dann findet man jene Berichte, die einen dann doch zum Nachdenken anregen. Eben wie jener Bericht aus den 1966ern.

Es handelte sich um eine der wildesten UFO-Jagden, die jemals festgehalten worden ist.
Es geschah am Morgen des 17.4.1966 und sie begann, als Dale F. Spaur, der Vizesheriff von Portage County, Ohio, an einem geparkten Wagen anhielt und dann das hell erleuchtete fliegende Objekt sah, von dem ihm kurz zuvor berichtet worden war.
Er wurde aufgefordert, das Objekt zu verfolgen. Mit seinem Assistenten folgte er daher dem Objekt in ihrem Polizeifahrzeug etwa 130 km. Dabei mussten sie oft ca. 180 km/h fahren, um das Objekt nicht aus der Sicht zu verlieren. Siebzig km östlich vom Ausgangspunkt schloss sich der Polizeioffizier Wayne Huston von East Palestine dem Wagen Spaurs an. Auch er hatte die fliegende Untertasse gesehen, die er

als „*etwas geformt wie eine mit Eis gefüllte Kekstüte, an deren Spitze das Eis etwas abgeschmolzen war*", beschrieb. Die Jagd setzte sich ins benachbarte Pennsylvanien fort und endete in Conway.

Hier kam noch der Polizist Frank Panzanella aus jener Stadt hinzu, der den anderen berichtete, dass er das schimmernde Objekt der Jagd seit etwa zehn Minuten beobachtet hatte. Schließlich sahen alle vier, wie das UFO links vom Mond senkrecht nach oben verschwand.

Natürlich reagierte man auch von oberster Stelle aus auf diese Berichte, denn für eine Vertuschung waren die Berichte mittlerweile viel zu offiziell. Daher wurde im September 1947 ein so genanntes *Air Technical Intelligence Center*, kurz ATIC genannt, ins Leben gerufen. Dort wurde unter den verschiedensten Decknamen wie *Zeichen*, *Groll* und *blaues Buch* alles dokumentiert und ausgewertet. Gegenüber der Öffentlichkeit ließ das Pentagon verlauten, dass fliegende Untertassen eines von drei Dingen sein müssen: Reflektionen des Sonnenlichtes an tiefhängenden Wolken oder an den Kristallen auseinander gefallener Meteoriten (???) oder aber, es müssen große, flache Hagelkörner sein, die durch die Lüfte gleiten (noch irrsinniger).

Natürlich war das reine Erfindung, denn die Wirklichkeit sah, wie wir dem nachfolgenden Bericht entnehmen können, gänzlich anders aus:

Am Morgen des 18.04.1962 um 7 Uhr 30 Minuten ereignete sich am Himmel von Nevada eine Explosion, deren Flamme die Größe derjenigen einer Atombombe erreichte.
Über viele Kilometer hinweg war der Explosionsknall zu hören. Kurze Zeit später erreichte das Pentagon der Bericht aus Oneida im Staate New York. Dort hatten Beobachter ein rot glimmendes Objekt gesichtet, das sich in großer Höhe nach

Westen bewegte. Für eine Rakete war die Geschwindigkeit zu gering und für ein Flugzeug flog es zu hoch. Immerhin konnte es auf dem Radarschirm verfolgt werden, daher konnte es kein Meteor sein.

Irgendwann endlich landete dieses riesige Etwas in der Nähe eines Kraftwerkes in Eureka in Utah, das dabei ausgefallen zu sein schien und erst wieder zu arbeiten begann, nachdem sich das riesige Etwas wieder erhoben hatte.

Die Möglichkeit, dass es sich bei der in Nevada beobachteten Explosion um einen Kernwaffentest handelte, wurde von der Atomenergiekommission verneint. Zu jener Zeit sei an keiner Stelle der USA irgendein Atombombentest gemacht worden. Abfangjäger des Luftverteidigungskommandos verfolgten das unbekannte Objekt, aber die Radarschirme verloren 120 km nordwestlich von Las Vegas das fragliche Objekt. Nur wenige Leute in den USA erfuhren von diesem ungewöhnlichen Ereignis. Lediglich die Zeitung *„Sun"* aus Las Vegas berichtete davon. Alle anderen Nachrichten wurden von der Luftwaffe unterdrückt.

Man wundert sich schon, warum derartige Dinge verheimlicht wurden, zumal in der Vergangenheit bereits gut dokumentierte Begegnungen vorhanden waren.

Eine davon ist die von Thomas Mantell, einem Mustang-Jagdflugzeugpiloten: Es war der 07.01.1948, da erhielt der Kontrollturm des Flugplatzes Godman in Kentucky um 13:15 Uhr von der Autobahnpolizei einen Anruf, nachdem Stadtbewohner in 140 km Entfernung ein seltsames Gefährt am Himmel erblickt hatten. Der Kontrollturm konnte feststellen, dass kein Flugzeug in seinem Bereich aufgestiegen war. Aber kurz nach dem Anruf konnte man das Objekt selbst sehen, ohne es identifizieren zu können. Eine Stunde später näherten sich drei Mustang-Jagdflugzeuge, die sich auf einem Übungsflug befanden, dem Flugfeld. Der Flugführer Thomas Mantell wurde vom Kontrollturm gebeten, das unbekannte Objekt anzufliegen und festzustellen, was es sei.

Alle Piloten dieses Flugzeugtyps wussten, dass sie ohne Sauerstoffgerät nicht höher steigen durften, als knapp 5000 m. Gegen 14:45 Uhr meldete Mantell dem Kontrollturm, dass er höher steigen würde, um dem seltsamen Objekt näher sein zu können. Als die beiden anderen Flugzeuge diese Höhe erreicht hatten, verloren sie jeden Kontakt mit der führenden Maschine. Gegen 15:00 Uhr hatte auch der Kontrollturm das Flugzeug aus seiner Sicht verloren. Wenige Minuten später explodierte es in mittlerer Höhe. Das Wrack wurde in rund 160 km Entfernung am Boden aufgefunden. Die offizielle Version vom Tode Mantells war, dass er dem Planeten Venus nachgejagt sei. Nur wenige glaubten dieser wenig plausiblen Erklärung. Das ganze blieb mysteriös.

Übrigens gab es da noch einmal einen Vorfall, der genauestens aufgezeichnet worden ist. Dieses Ereignis geschah im Juni 1954. Pilot und Kopilot beschrieben damals Objekte als Raumschiffe und wurden darin von einigen Passagieren bestätigt. Es handelte sich dabei um ein sehr hoch fliegendes Flugzeug der British Overseas Airways Corp. Heute nennt sich die Gesellschaft British Airways. Nun, dieses Flugzeug war gerade drei Stunden auf seinem Flug von New York nach London unterwegs, als der Flugkapitän James H. Howard und sein Kopilot seltsame Begleiter 5 km seitlich links von ihrem Flugzeug entdeckten. Ein großes längliches Objekt und sechs kleinere. Diese Objekte flogen rund 140 km mit. Als sich das Flugzeug Goose Bay in Kanada näherte, um aufzutanken, schien das große Objekt seine Gestalt zu verändern, während die Kleineren sich dem großen Ding näherten. Flugkapitän Howard berichtete dem Kontrollturm was er sah. Von dort wurde die US-Luftwaffe alarmiert, die ein *Sambre-Flugzeug* hoch schickte. Howard nahm in einer Entfernung von 36 km Kontakt zur *Sambre* auf: *„Jetzt, in diesem Moment*

scheinen die kleineren Objekte sich mit dem Großen zu ver-
einigen. Aber ich glaube, das große Ding verkleinert sich da-
bei. " Was später geschah, konnte Howard nicht mehr mitbekommen, weil er den Flugplatz planmäßig wieder verlassen
musste.

1968 wurde allerdings von einer von der US-Luftwaffe ein-
gesetzten Forschungsgruppe dieses Ereignis als ein optisches Spiegelungsphänomen abgetan.

Allerdings war den verantwortlichen Stellen das Misstrauen
unter der Bevölkerung nicht entgangen. Daher wurde die
Universität von Colorado mit der Studie von unbekannten
Flugobjekten, kurz UFOs, unter der Leitung von Dr. Edward
U. Condon beauftragt. Dadurch war die Möglichkeit geschaffen, herauszubekommen, was die UFOs wirklich sind. Denn
diese Studie sollte eine unvoreingenommene Untersuchung
der gesamten UFO-Szene darstellen. Durchgeführt wurde
sie von Experten auf den Gebieten der Psychologie, der Astronomie, des Radars, der Hochenergiephysik, der Meteoro-
logie, der Mathematik, der Astrophysik und der Chemie.
Viele Menschen, die dem Militär misstraut hatten, erwarteten die Wahrheit von diesem „Colorado Projekt", das im November 1966 seine Suche nach einem Beweis für die fliegenden Untertassen begann.
Die Ergebnisse wurden im Januar 1969 veröffentlicht. Aber
in den entsprechenden Kreisen blieb die Meinung weit ver-
breitet, dass Dr. Condon und seine Wissenschaftler auch nur
ein Teil eines allgemeinen Alibis gegenüber der Öffentlichkeit seien.
Einige zivile UFO-Organisationen, die sich ursprünglich guter
Beziehungen zum Colorado Projekt rühmen konnten, wurden durch verschiedene Ereignisse in Aufregung versetzt
und stellten die Zusammenarbeit in einem relativ frühen
Zeitpunkt ein. Der offizielle Abschlussbericht schien das zu
rechtfertigen. Nach zwei Jahren eingehender Studien kamen

die Wissenschaftler zu der gleichen, seit den frühesten Meldungen über UFOs von der Luftwaffe vertretenen „wahren" Meinung: *Fliegende Untertassen gibt es nicht!*

In den ersten Monaten seiner Existenz geriet das Projekt Colorado in eine Vertrauenskrise. Auf einer Tagung sagte Dr. Condon laut der Zeitung *Stargazette*, aus Elmira im Staate New York:

„Ich neige jetzt dazu, zu empfehlen, dass der Staat sich aus diesem Geschäft zurückziehen muss. Ich meine, dass da nichts für ihn zu tun sei ... Ich werde vermutlich auch in einem weiteren Jahr zu keinem anderen Schluss kommen. Es kann sein, dass das UFO-Rätsel für jene Gruppen von Interesse ist, die sich mit meteorologischen Phänomen beschäftigen."

Dieses Urteil wurde weniger als drei Monate nach Beginn der Untersuchung gefällt und wenige Monate, bevor Dr. Condon weitere 250.000 Dollar zur Fortsetzung seiner Arbeiten anforderte. Diese Meinung brachte viele „UFO–Gesellschaften" durcheinander.

Dann kam ein weiterer Schlag für alle, die einen unvoreingenommenen Bericht erwarteten. Eine Notiz von Robert Low, dem Projektverwalter, wurde herausgeschmuggelt. Sie stammte aus der Zeit, als das UFO-Projekt innerhalb der Universität behandelt wurde, an der Low Assistent des Vizepräsidenten und Dekan der Fakultät war. Er schrieb:

„Ich denke, wir sollten das Projekt so beschreiben, dass es der Öffentlichkeit als eine völlig objektive Studie erscheint, aber der wissenschaftlichen Welt gegenüber das Bild einer Arbeitsgruppe von Nichtgläubigen vermittelt, die ihr Bestes tut, objektiv zu sein, aber fast keine Erwartungen hegt, eine Untertasse aufzufinden."

Es schien, als ob die Beschlüsse festgelegt worden waren, bevor die Universität überhaupt den Vertrag zur Untersuchung erhielt. Dr. J. Allen Hynek, ein mit dem Projekt *„Blaues*

Buch" eng zusammenarbeitender Astronom, sagte in den ersten Tagen des Colorado Projekts:

„Ich erinnere mich an meine eigene Überraschung anlässlich meines Besuches bei dem Komitee, als das Projekt kaum zwei Wochen alt war. Low skizzierte an der Wandtafel für uns die Form des Abschlussberichtes, wie die Kapitelüberschriften wahrscheinlich lauten würden, wie viele Seiten für jedes Kapitel vorgesehen seien und mit welcher Selbstverständlichkeit er bereits entschieden hatte, welchen Inhalt der Bericht haben würde."

Dr. Condon wies die Bedeutung der Notiz Lows zurück, indem er erklärte, sie erst achtzehn Monate nach ihrer Niederschrift gesehen zu haben. In vielen Punkten würde seine Meinung von der des Schreibers abweichen, insbesondere hinsichtlich der Vermutung, dass die Studie sich mehr mit Psychologie als mit physikalischen Aspekten der UFO-Meldungen beschäftigte.

Nichtsdestoweniger war Low, da andere Verpflichtungen Dr. Condon an einer Beteiligung am Projekt hinderten, derjenige, der gemäß Dr. Hynek „der tatsächliche Pilot des Colorado-UFO-Schiffes wurde."

Das hier von Regierungsseite her vertuscht und verheimlicht wird, ist mittlerweile nicht mehr von der Hand zu weisen. Es stellt sich jedoch die Frage nach dem *Warum.* Was kann so wichtig sein, dass man selbst militärische Berichte als Täuschung bzw. Sonnenspiegelung abtut?

Mittlerweile kann man in jeder Buchhandlung mindestens zwei Bücher finden, die umfangreich über eine dritte Macht, geheime Operationen der USA oder militärische Untergrundbasen berichten.

Nun, soweit ich informiert bin, erfreuen sich die meisten dieser Autoren noch bester Gesundheit. Wohlbemerkt *die mei-*

sten. Kommt jedoch eine Person der Wahrheit *zu nahe,* dann wird ihr recht schnell klar gemacht, dass sie sich auf ein lebensgefährliches Spiel eingelassen hat.

So war es auch im Fall Danny Casolaro. 1991 wurde nämlich eben dieser freie Journalist in der Badewanne eines Hotels in West Virginia tot aufgefunden.

Der Gerichtsmediziner Dr. Henry Lee, wurde zur Untersuchung des Todes von Casolaro herangezogen und stellte einen Suizid fest, während die Familie ganz deutlich von Mord ausgeht. Denn Casolaros Leichnam wies an der Hand zahlreiche Schnittverletzungen auf, außerdem fehlten im Hotelzimmer alle Unterlagen des amerikanischen Reporters. Er hatte allem Anschein nach brisante Informationen zum *Invisible Gouvernement* und dem *Secret Team* gefunden – allzu brisante Informationen.

Seine Arbeit versuchten die Autoren Jim Keith und Kenn Thomas fortzusetzen. Keith war bekannt für seine, wenn auch umstrittenen Arbeiten über undurchsichtige Behörden, die Schattenregierung und die Verschwörungsthematik einer neuen Weltordnung. Am 7. September 1999 verstarb Jim Keith dann während einer Bein-Operation im Washoe County Medical Center in Reno, Nevada. Bei der Operation soll sich nach offizieller Aussage ein Blutgerinnsel gebildet haben, das zum Tode führte. Die Freunde des Autors allerdings glauben nicht an diese Erklärung. Sie vermuten, dass Keith wegen seiner Enthüllungen zur Geheimregierung sterben musste.

Sein Co-Autor Kenn Thomas versucht seit dieser Zeit, die Wahrheit über das Ableben seines Freundes herauszufinden. Keith, der nur 49 Jahre alt wurde, sprach öfter von Keith´s Gesetz, wenn er postulierte: *„Alle Verschwörungs-Autoren müssen unter mysteriösen Umständen sterben".* Das Gesetz hatte wieder einmal zugeschlagen.

Solche Ereignisse machen schon stutzig, umso mehr, wenn man das Memorandum an die kanadische Regierung zum Thema UFOs in den USA aus den 1960ern liest:

a) Das Thema hat höchste Geheimhaltungsstufe der Regierung der Vereinigten Staaten.

b) Fliegende Untertassen existieren.

c) Ihr Modus Operandi ist unbekannt, wird aber von einer Gruppe unter Leitung von Dr. Vannevar Bush untersucht.

d) Die ganze Angelegenheit hat für die Behörden der Vereinigten Staaten eine ungeheure Bedeutung.

Ich bezweifle, dass die am 14.10.1998 Zweistündige TV-Dokumentarsendung in den USA mit dem Titel *„UFO-Cover-UP"* uns mehr Licht ins Dunkle bringt. Dennoch möchte ich sie Ihnen nicht vorenthalten:

Zwei CIA-Beamte (unkenntlich gemachte Stimmen und Gesichter) nahmen teil. Ihre Decknamen: Falcon und Condor. Autoren dieser Sendung waren William Moore und der Filmproduzent Jaime Shandera. Moore hatte in den vergangenen Monaten Kontakte zu Falcon und Condor. Ihm wurden geheime Regierungsdokumente zugespielt.

Zitat: *„... was verheimlicht wird, ist der Besuch verschiedener außerirdischer Rassen ..."*

Heute gehören zu MJ12 u. a. John Poindexter, Harold Brown und James Schlesinger. An vier verschiedenen Plätzen der USA werden geheime UFO-Untersuchungen von vier, jeweils 200 Personen starken Gruppen, als Geheimprojekte durchgeführt. Zweck ist, die Untersuchung und Analyse von UFO-Wrackteilen.

Sigma z. B. steht für elektronische Kommunikation mit Außerirdischen.

Projekt Snowbird ist der Codename für die Auswertung von Erkenntnissen außerirdischer Raumfahrt-Technologie. Seit den 1960er-Jahren werden im streng abgeschirmten Testgelände Groom Range in der Wüste von Nevada, etwa 100 km nordwestlich von Las Vegas, Fluggeräte erprobt. Im Übrigen werden dort Gravitationsantriebe getestet und verfeinert.

Projekt Aquarius ist die Dachorganisation zur Koordination aller UFO-Untersuchungen ...

Es kamen auch Angehörige amerikanischer Regierungsstellen zu Wort, die sich über Abstürze unbekannter Flugobjekte sowie geheime Kontakte der US-Regierung zu außerirdischen Besuchern äußerten.

Life mit Moskau geschaltet, wurden auch zwei sowjetische Experten zu Sichtungsfällen in der UDSSR befragt. Zum einen Sergei Bulantsev von der Nachrichtenagentur *TASS*, und zum anderen Leonard Nikishin, Vorsitzender der Kommission zur Untersuchung ungewöhnlicher atmosphärischer Phänomene und Mitglied der Akademie der Wissenschaft. Bulantsev zitierte zwei Fälle, wonach sowjetische Armeeangehörige Kontakt zu humanoiden Insassen eines UFOs hatten. Falcon erklärte: *„Es gibt innerhalb der MJ12-Community ein Buch, welches „die Bibel" genannt wird. Es enthält in geschichtlicher Reihenfolge alles, was wir an technologischen Daten von den Außerirdischen erfuhren".*

Condor ergänzte, dass ein Vertrag zwischen den Außerirdischen und den USA geschlossen wurde. Der Inhalt:

- die USA würden die Existenz der Außerirdischen geheim halten;

- die Außerirdischen würden nicht in unsere Gesellschaft eingreifen;
- sie bekämen Land und Rechte – die USA die Technologie.

Alles sehr mysteriös, finden Sie nicht auch?
Nun, ich für meinen Teil bin mir nicht sicher, ob eben gerade in diesem Umfang bzw. auf diese Art und Weise Kontakte und Verträge mit außerirdischen Besuchern gemacht worden sind. Eines jedoch bin ich mir sicher: Kontakte und Sichtungen außerirdischer Wesen fanden definitiv statt. Ich denke, eine chronologische Zusammenfassung der Sichtungen ist nicht nötig, da ich bewusst nur diejenigen Ereignisse beschrieben habe, welche auch belegt sind.

Tatsache jedoch ist, dass die Menschheit bereits seit dem 13. Jahrhundert (zumindest wird ab dieser Zeit davon berichtet) regelmäßig von außerirdischen Wesen besucht oder beobachtet wird, wir hingegen, dank der ewigen Geheimniskrämerei aller Verantwortlichen wie immer „ahnungslos" und „desinformiert" sind.

Sind das wirklich immer Außerirdische?

Im vorangegangenen Unterkapitel habe ich Ihnen von Begegnungen und Erscheinungen berichtet, welche landläufig unter der Bezeichnung UFO-Sichtungen/Begegnungen bekannt sind. In der Tat handeln derartige Berichte auch von so genannten Außerirdischen.
Ich möchte Sie jedoch auch auf Begegnungen und Sichtungen aufmerksam machen, die so gar nicht in diese Kategorie passen und wahrlich unangenehme Gefühle hinterlassen.
Die begrenzte Region der Vereinigten Staaten von Amerika scheint Brennpunkt für bizarre Heimsuchungen unterschiedlichster Natur zu sein – von der fernsten Vergangenheit bis in die Neuzeit.
Eine Begebenheit sorgte dabei für erhebliche Unruhe. Das Auftauchen des so genannten „**Mottenmanns**". Über ihn wurde derart viel berichtet, dass man sich entschloss, darüber einen Film zu drehen. Der dann 2002 mit dem Titel „*The Mothmann Prophecies*" mit Richard Gere in der Rolle des Washington Post Reporters in den Kinos erschien bzw. 2008 in Deutschland über die Mattscheibe flimmerte.

Demnach trieb sich 1966 und 1967 in West Virginia der berüchtigte „Mottenmann" herum. Zahlreiche Zeugen beschrieben ihn als Kreuzung zwischen Mensch und Riesenfalter. Quasi ein Etwas, für das es im irdischen Stammbaum der Arten keinen Platz zu geben scheint. Er pflegte düster am Straßenrand zu stehen und Vorbeifahrende mit riesigen, rot leuchtenden Augen anzustarren. Er verfolgte Autos mühelos, auch wenn sie mit Höchstgeschwindigkeit dahinrasten, und drehte selbst verfolgenden Flugzeugen eine lange Nase. Woher er wohl kommen mag und was ihn fast zwei Jahre lang ausgerechnet nach West Virginia gezogen hat? Niemand hat darauf eine Antwort.

Später wurde der Mottenmann sporadisch an verschiedenen Orten rund um den Globus gesichtet, meist kurz vor Katastrophen. Beispielsweise 1985 zeitgleich mit dem Erdbeben von Mexico City oder 1986 vor dem Reaktorunfall von Tschernobyl. Die Unterlagen über ihn füllen dicke Ordner. Sicherlich werden Sie meine Meinung dahingehend teilen, dass es sich hier wohl nicht um einen „Außerirdischen" handeln kann. Aber wer und was ist er? Wie kam er in unsere Realität? Fragen über Fragen.

Eine weitere Begebenheit, welche diese vielen Fragen noch erweitert, ereignete sich in England: Phyllis Newcombe war ein lebenslustiges Mädchen von 22 Jahren. Sie tanzte für ihr Leben gerne, und dabei ereilte sie am 27. August 1989 in der randvollen Chlemsford Shire Hall, in der englischen Grafschaft Essex, ein grausiges Schicksal. Vor den Augen ihres entsetzten Verlobten und vor Dutzender Zeugen brachen aus ihrem Kleid blaue Flammen heraus. Sie verwandelten das Mädchen binnen Minuten, in denen die Umstehenden hilflos durcheinander liefen, in einen verkohlten Leichnam. Lediglich ihr Verlobter schlug mit den Händen auf das unirdische Feuer ein, was ihm schwere Verbrennungen eintrug. Offiziell hieß es, dass Feuer wäre durch eine brennende Zigarette entstanden. Der verzweifelte Vater des jungen Mädchens wollte sich jedoch mit dieser Version nicht zufrieden geben. Er forderte die Beamten auf, ein Kleid von der Art, wie es seine Tochter getragen hatte, mit einer Zigarette zu entzünden, was jedoch den Beamten in zahlreichen Versuchen nicht gelang. Auch hier fehlen uns wieder plausible Erklärungen.

Es scheint so, als hätte das Universum jede Menge Überraschungen parat. Professor John Wheeler von der Universität Texas äußerte sich einmal in einer Podiumsdiskussion über die Frage des Universums wie folgt:

„Das Universum ist letztendlich nicht aus Materie und Energie aufgebaut, sondern besteht aus reiner Information".

Nun, wenn dieses Zitat eines renommierten Wissenschaftlers zutreffen sollte, dann wäre das, was wir als Realität ansehen, nichts anderes als eine perfekt inszenierte Illusion, von einem „Nichts" geträumt. Die Frage lautet daher: *„Was ist Realität?"*

So ähnlich muss auch der 15-jährige Junge in den 1980er-Jahren gedacht haben, als er urplötzlich mit einer Situation konfrontiert wurde, mit der er nichts anzufangen wusste.

An einem Wintertag sollte der besagte Junge, welcher bereits tatkräftig im landwirtschaftlichen Betrieb seiner Eltern mitarbeitete, mit dem Traktor den Stamm eines bereits gefällten Baumes, der für Brennholz bestimmt war, aus dem Unterholz ziehen. Zu diesem Zweck wollte er eine schwere eiserne Zugkette mitnehmen, die um den Stamm gelegt und mit dem anderen Ende am Traktor befestigt werden sollte. Als er die Kette auf den Traktor warf, geschah etwas Unerklärliches. Die Kette fiel auf halbem Wege klirrend zu Boden und verschwand vor seinen Augen spurlos. Dabei stand er nur einen Meter von seinem Traktor entfernt. Er konnte noch genau sehen, wie die Kette den Boden berührte, nur lag sie im nächsten Augenblick nicht mehr an der Aufschlagstelle. Sie blieb trotz intensiven Suchens verschwunden.

Fälle wie dieser zeigen einmal mehr, dass wohl neben oder parallel zu unserer Welt andere, vielleicht unendlich viele unsichtbare höherdimensionale Welten existieren könnten, mit denen Physiker zumindest theoretisch umzugehen wissen.

Auge und Vorstellungskraft des Menschen reichen nicht aus, um derartige Korridore wahrzunehmen. Wir müssen daher eine Analogie bemühen, um von einem solchen „Über-Universum", mit dem wir nach Auffassung namhafter Naturwissenschaftler berührungslos verschachtelt sind, eine grobe Vorstellung zu bekommen.

Lösen wir uns daher ganz zwanglos von abstrakten Begriffen und begeben wir uns in eine Welt, die wir besser überschauen können – eine Welt, in der alles, auch ihre Bewohner, schattengleich aus nur zwei Dimensionen, also Länge und Breite, bestehen.

Und nehmen wir weiter an, diese zweidimensionalen Flächenwesen hätten eine ihrer Situation angepasste Relativitätstheorie entwickelt. Für sie wäre also die unsichtbare **dritte Dimension, nämlich die Höhe**, etwa das gleiche, was für uns die vierte Dimension die Zeit ist, die wir uns ja auch nicht visuell vorstellen können.

Müsste dann das Eindringen von Objekten aus der Höhe, also der dritten Dimension, für die zweidimensionalen Flächenwesen, nicht ebenso merkwürdig sein wie für uns, wenn sich plötzlich, aus dem Nichts heraus, vor unseren Augen ein UFO oder eine paranormale Erscheinung materialisiert?

Die Bewohner des Flächenlandes könnten sich zum Beispiel unter den ihnen höherdimensional, in diesem Fall dreidimensional erscheinende Objekte wie Würfel, Kugel, Kegel, Pyramiden usw. absolut nichts vorstellen.

Im 2D-Flächenland würde jede in sich geschlossene Kurve (z. B. ein Kreis) die von ihr umschlossene Fläche – die Welt der dort lebenden Zweidimensionalen – hermetisch von der Außen-Welt (Fläche außerhalb des Kreises) abriegeln. Um in diese 2D-Welt zu gelangen, müsste sich ein außerhalb des Kreises befindlicher Flächenlandbewohner schon in die für ihn unvorstellbare **dritte Dimension – die Höhe –** begeben.

Nach Überwindung dieses Kreislinien-Hindernisses würde der Eindringling unvermittelt vor den Augen verblüffter Flächenlandbewohner innerhalb des Kreises quasi aus dem Nichts auftauchen.

Den Flächenwesen müssten Dinge, die man in ihre flache Ebene bringt oder hineinprojiziert, flächig-materiell erscheinen. Sie würden plötzlich eine auftauchende Linie erkennen und mithilfe ihrer Flächenland-Geometrie womöglich auch Krümmungen am eingetauchten Objekt berechnen können. Hieraus würden sie vielleicht schließen, dass die merkwürdige Erscheinung keine Linie, sondern eine Fläche ist. Ein Einstein unter ihnen könnte sogar auf die Idee kommen, anhand der Art des Auftauchens aus dem Nichts auf das Vorhandensein einer weiteren, dritten Dimension zu schließen. Solche dreidimensionale Gebilde würden sich natürlich dem Vorstellungsvermögen der Flächenlandwesen entziehen. Sie ließen sich nur rein mathematisch darstellen.

Nun, einem ähnlichen Manko unterliegen auch wir mit unseren dreidimensional geprägten Sinnesorganen, wenn es darum geht, uns Himmelskörper aus einer Hyperwelt (Hyperkugel) vorzustellen.
Würden wir durch die Welt der Flächenwesen (eine Papierfläche) einen Finger stecken, dann wäre der „Eindringling" für sie sogar materiell spürbar.

Projizieren wir jedoch mittels einer Lichtquelle einen Schatten in die Ebene dieser Wesen, dann können die Zweidimensionalen diese Projektion zwar als Linie „sehen", jedoch nicht „spüren". Das vor ihnen erscheinende Gebilde wäre für sie gewissermaßen halbmateriell, sichtbar zwar, aber nicht tastbar.

Analoge Beziehungen dürften zwischen uns und dem Undefinierbaren bestehen (plötzliches Verschwinden oder Auftauchen von Gegenständen usw.).
Vernunftbegabte Zweidimensionale mit Kenntnis in der Flächenwelt-Relativitätstheorie müssten bald erkennen:

Dass asymmetrische, flächige Gebilde (z. B. schiefwinklige Dreiecke) nur durch Umkippen oder Umstülpen – also unter Inanspruchnahme der in ihrer Welt nicht einbezogenen dritten Dimension, der Höhe – zur Deckung gebracht werden können.

Ähnlich hilflos stehen auch wir der Aufgabe gegenüber, Körper zur Deckung zu bringen, die zwar in ihren Seiten und Winkeln übereinstimmen, jedoch spiegelverkehrt symmetrisch aufgebaut sind.

Versuchen wir doch einmal, einen rechten und einen linken Handschuh zur Deckung zu bringen, sodass Daumen auf Daumen und beide Innenflächen nach vorn weisen. Infolge der spiegelverkehrten Beschaffenheit des Handschuhpaares ist das, trotz vollkommener Deckungsgleichheit beider Handschuhe, unmöglich. Dies bedeutet, dass das Problem zumindest innerhalb unserer dreidimensionaler Welt nicht zu lösen ist. Uns fehlt ganz einfach die „vierte" Dimension, in die wir mit einem der beiden Handschuhe ausweichen können, um Deckungsgleichheit zu erreichen. Gelänge dies dennoch jemanden, käme das einem indirekten Beweis für die Existenz von zumindest einer weiteren „vierten" Dimension oder auch eines „Hyperraumes" gleich.

Und **eben *dieser* Beweis** glückte bereits im vorigen Jahrhundert dem renommierten deutschen Astrophysiker Johann Karl Friedrich Zöllner mit Unterstützung des englischen Psychokinese-Mediums Henry Slade.
Diesem gelang am 8. Mai 1878 erstmals die so genannte „**Knotenschürzung**" eines 44 Zentimeter langen und fünf Zentimeter breiten Lederstreifens, der mit Siegellack auf einer Tischplatte sicher befestigt war.
Unter Zöllners darüber ausgebreiteten Händen verschlangen sich, in Anwesenheit von Slade, die Lederstreifen auf

konventionell-physikalische und unerklärlicher Weise miteinander. Bei einer Knotenschürzung über eine höhere Dimension mussten die Streifen eine Verdrehung in der Längsachse aufweisen, was bei diesem Experiment auch tatsächlich der Fall war. Bei ungeöffneter Siegellack-Plombe konnte der Knoten nur über die nächst höhere, also vierte Dimension, entstanden sein.

So gesehen könnte so manche „unheimliche" bzw. „nicht erklärbare" Erscheinung oder Situation durch das Vorhandensein einer uns noch nicht realisierbaren weiteren (mindestens jedoch vierten) Dimension entstanden sein. Was uns Menschen wiederum dazu veranlassen sollte, weiter zu forschen und an das (heute noch) Undenkbare zu glauben.

So sieht es der Autor

Fragen wir uns einmal, wie es wohl mit dem Erscheinungsbild des Menschen in fünfhundert, tausend oder gar fünftau-
send Jahren aussehen würde. Könnte es nicht doch zu einer
stillen Evolution der menschlichen Rasse kommen? Hervorgerufen durch Klima und andere Umweltkatastrophen (z. B.
durch die völlige Zerstörung der Ozonschicht), genetische
Manipulationen, künstliche Eingriffe in das Erbgut, durch die
Entstehung neuer Krankheiten aufgrund mutierter Viren
und Bakterien, veränderte Essgewohnheiten usw.

Nun, keiner unserer Wissenschaftler vermag mit Sicherheit
vorauszusagen, wie sich diese Einflüsse auch auf das äußere
Erscheinungsbild des Menschen in ferner Zukunft auswirken
werden. Man weiß nur, dass die menschliche Rasse, solange
diese unseren Planeten bevölkert, den traditionellen Bau-
plan in seinen Grundzügen beibehalten wird. Doch dürften
Abweichungen in der äußeren Erscheinungsform des Menschen aufgrund der Zunahme obengenannter Einflussfakto-
ren unvermeidlich sein.

**Wissenschaftler sehen demnach einen schlanken, fein-
gliedrigen Typ Mensch in der Zukunft. Mit einem Kahlschä-
del, spitz zulaufender Kinnpartie und markanten, tieflie-
genden Augen.**

Bei dieser Beschreibung lässt sich eine gewisse Ähnlichkeit
mit den Außerirdischen der UFO-Szenarien nicht bestreiten.
Sind also diese so genannten Außerirdischen in Wirklichkeit
unsere Ur-Ur-Nachfahren? Wenn ja, wie schaffen sie es
dann, in unsere Zeit zu kommen?
Nun, wie eng die Zeit mit Bewusstseinsvorgängen, d. h.
Denkprozessen, verknüpft ist, wird durch den aus der Quantenphysik bekannten Begriff des **„Beobachtereffekts"** ver-

deutlicht. Er besagt, dass der Akt des Beobachtens, die Art und Weise, in der die Beobachtung durchgeführt wird, die Natur dessen verändert, was man beobachtet. Physiker sprechen dann vom „Zusammenbruch der Wahrscheinlichkeitswelle", was bedeutet, dass aus der bloßen Wahrscheinlichkeit materielle Realität wird. Mit anderen Worten, das menschliche Bewusstsein kann die im Universum ablaufenden Prozesse steuern.

Kein geringerer als der berühmte deutsche Physiker und No-bel-Preisträger von 1932, Werner Heisenberg (1901–1976), der durch seine Unbestimmtheitsrelation die Physik von Grund auf revolutioniert hat, meinte einmal, *die Unschärfe in der subatomaren Welt könne den Zusammenbruch der traditionellen Vorstellung bewirken, dass auf jede Ursache eine Wirkung folgen müsse.* Diese Feststellung bedeutet, dass unser Unterbewusstsein **auch die zeitliche Abfolge von Ereignissen zu beeinflussen vermag. Anders ausgedrückt, unser Bewusstsein besitzt die unglaubliche Fähigkeit, Raum und Zeit auf die gleiche Weise zu überwinden, wie es das Universum manipuliert.**

Dass unser Bewusstsein zumindest indirekt auf Vorgänge in fernster Vergangenheit Einfluss nehmen kann, können wir an einem einfachen Gedankenexperiment sehen.
So kann sich zum Beispiel ein Astronom entscheiden, ob er Lichtteilchen (Photonen), die von einer 13 Milliarden Licht-jahre entfernten Galaxie stammen, „heute" beobachten will oder nicht. Da nach dem zuvor zitierten Beobachtereffekt jede Beobachtung das anvisierte Objekt verändert, würde das bedeuten, dass der Beobachter mit seiner Entscheidung in der Gegenwart auf den Zustand der zeitlich fernen Galaxie – „auf die Vergangenheit" einwirkt.
Auf die Spitze getrieben könnte es quasi geschehen, dass man beim nächtlichen, nennen wir es „gleiten" durch para-

llele Universen bzw. Überlagerungen aus der Zukunft, möglicherweise jeden Morgen neben einem/einer anderen Partner/in erwacht. Da jedoch die Erinnerungsspur nur mit dem Universum übereinstimmt, in dem man sich gerade befindet, würde man die allmorgendliche Veränderung nie bemerken.

Wenn sich also unser **„unsterbliches" Bewusstsein (Seele)** als integrierter Bestandteil des Universums erweist und in diesem gleichzeitig herrscht, dann wären das soeben Beschriebene, Besuche aus dem so genannten Jenseits, ja selbst Zeitreisen, nichts Außergewöhnliches. Zeit wäre dann auch nur eine Koordinate, die sich, ähnlich wie Raum und Materie, manipulieren lässt – eine von vielen, mit denen wir erst umzugehen lernen müssen.

Der Wissenschaft und auch den Kirchen ist das längstens bewusst. Die Bürger hingegen bzw. einem Großteil davon werden darüber nicht in Kenntnis gesetzt. Ihnen bleibt quasi dieser „Evolutionsschritt" verwehrt. Ihnen predigt man weiterhin veraltete, verkrustete und längst widerlegte Theorien, damit bestimmte Dogmen und Machtverhältnisse aufrechterhalten bleiben.

Zu wissen, dass das Bewusstsein (die Seele) tatsächlich unsterblich ist und erhalten bleibt, würde bei vielen Menschen Erleichterung hervorrufen. „Alles" wäre möglich, denn der Faktor Zeit hätte keinen besonderen Stellenwert mehr. Jede Erfahrung, jedes Wissen wäre eine bewusste Bereicherung für *„später", „danach".* So genannte Schicksale würden hinterfragt und nicht klagend oder gar demütig angenommen werden. Behinderungen wären eine Bewusstseinsbereicherung für ein „anderes Leben". Ja selbst das „Sterben" würde seinen Schrecken verlieren. Das „Sein" hätte einen Sinn.

Nur, wie soll man sich diese „andere" Welt vorstellen, aus der das Bewusstsein (die Seele) wieder reinkarniert? Wie finden wir den Weg dorthin und wer ist da noch? Fragen, die wir wiederum lediglich mit einer Theorie beantworten können, denn obgleich es zahlreiche so genannte Nahtoderfahrungen gibt, haben wir keine „genaue" Kenntnis von dem, was uns nach dem irdischen Leben erwartet. Eines sicherlich <u>nicht</u>, nämlich ein Szenario *Himmel – Hölle* so wie es uns die Kirche heute noch immer predigt.

In den vergangenen letzten zwei Jahrzehnten habe ich mich intensiv mit der Geisteswissenschaft beschäftigt und dabei so ziemlich alle Glaubensrichtungen mehr oder weniger studiert. Die „heutige" Essenz dieser Studie äußert sich in einer nach und nach gewachsenen Theorie. Eine Theorie, in der das Universum mit all seinen Planeten, Sternen und Konstellationen keine feste Konstante darstellt, sondern sich in Form eines riesenhaften, sich ständig teilenden Zellverbundes zeigt, dessen Kern Gott (Kollektivbewusstsein) ist.

Diese Theorie beinhaltet sowohl die Unsterblichkeit des Bewusstseins (der Seele), als auch die Lehre vom Lernen, Erfahren, Wiederholen, Einsicht und Aufsteigen. Quasi konträr zu der Form wie es die Kirche propagiert, also „alles in einem Leben" und danach kommt der „Richterspruch". Nein, meine Theorie geht von der Form einer „Evolution" durch Lernen, Erfahren, Wiederholen und schließlich Erkennen aus, die sich wiederum in einem zellulären (intelligenten) Universum wiederfindet.

Wenn wir den vielen, unabhängig voneinander berichteten, Nahtoderfahrungen Glauben schenken (wir sollten es dringlichst), dann kann die kirchliche Theorie von einem Gott, einem Teufel (und den jeweiligen Helfern), dem Himmel und der Hölle nicht standhalten. Wohl aber die Theorie eines

„Intelligenten, lebenden Universums", welches sich in Form eines „zellulären Verbands äußert".

Berichte über Nahtoderfahrungen

Es sind jene Momente, in denen wir in unserem hektischen Alltag für einen kurzen Augenblick innehalten. Wo wir dumpf ahnen, dass auch in unserem Leben etwas Unerwartetes eintreten wird. Etwas, was wir verdrängen, weit in die Zukunft schieben und wenn möglich, auch nicht darüber sprechen. Wo, die bange Frage: *Ist hinter der Kirchhofmauer alles zu Ende?* gnadenlos in uns nagt. Es sind die Momente, in denen wir heimlich hoffen, dass alles doch nicht so schlimm werden wird.

Darum hören wir ihnen zu, denen, die einen kurzen Blick ins Jenseits erhaschen konnten, um uns dann darüber zu berichten.

Wir wollen es wissen:

Wie war es drüben? Was hast du gesehen? War da jemand? Wie hast du dich gefühlt?

Nun, ich beschäftige mich schon seit vielen Jahren mit diesem Thema, stets auf der Suche nach Antworten auf alle diese Fragen. Berichte über Nahtoderfahrungen bringen uns dabei ein kleines Stück weiter. Aber urteilen Sie selbst:

„… Schlagartig erkannte ich das Ganze und hatte das Gefühl, hier war ich schon mal. Es war wie eine Heimkehr nach einer langen, anstrengenden Reise. Es war ein Zustand, der bei mir vollkommene Ruhe auslöste, eine Ruhe, die ich lange nicht mehr empfunden hatte. Für mich war das der Höhepunkt der Erfahrung. Die „Gestalt" ermutigte mich wortlos, mich zu entscheiden, ob ich in diesem Zustand bleiben oder in mein irdisches Leben zurück wolle. Ich durfte das Tor passieren oder in meinen leblosen Körper zurückkehren, den ich plötzlich auch wieder unter mir spürte. Ich hatte das Gefühl, der Weg durch die Pforte würde meinen endgültigen körperlichen Tod bedeuten.

Im Bewusstsein, nun die Chance zu haben, mit der Einsicht zurückzukehren, dass dieser Sein-Zustand eine Realität ist, die realer erlebt wird als alles, was wir hier darunter verstehen, und mit dem Gedanken an meine junge Frau und meine drei kleinen Kinder, entschloss ich mich zurückzukehren".

Ein weiterer Bericht stammt von einem Notarzt:

"Während der Nachtschicht liefert der Rettungswagen einen 44 Jahre alten, bereits bläulich-violett verfärbten, komatösen Mann auf der kardiologischen Station ein. Passanten hatten ihn etwa eine Stunde zuvor in einem Park gefunden und bisher lediglich mit Herzmassage begonnen. Nach seiner Ankunft im Krankenhaus wird er mit Beutel und Maske beatmet, erhält Herzmassage und wird defibrilliert. Als ich die Beatmung übernehme und den Patienten intubieren will, fällt mir auf, dass er noch ein künstliches Gebiss trägt. Vor der Intubation entferne ich den oberen Teil der Prothese und lege sie auf den Instrumentenwagen. In der Zwischenzeit setzen wir die Maßnahmen zur erweiterten Reanimation fort. Nach etwa anderthalb Stunden hat der Patient zwar wieder einen ausreichend stabilen Herzrhythmus und Blutdruck, er wird aber noch beatmet, ist noch intubiert und noch immer komatös. In diesem Zustand wird er zur weiteren Beatmung auf die Intensivstation gebracht. Erst eine Woche später, bei der Medikamentenausgabe, begegne ich dem Patienten wieder, der gerade wieder auf die Kardiologie verlegt wurde. Als er mich sieht, sagt er: „Oh, dieser Pfleger weiß, wo mein Gebiss liegt". Ich bin ganz überrascht, doch er erklärt mir: ‚Ja, Sie waren doch dabei, als ich ins Krankenhaus kam, und haben mir das Gebiss aus dem Mund genommen und es auf einen Wagen gelegt, auf dem alle möglichen Flaschen standen. Er hatte so eine ausziehbare Schublade und in die haben Sie meine Zähne gelegt'. Das erstaunte mich vor allem deshalb, weil sich dies meiner Erinnerung nach alles zu einer Zeit

abgespielt hatte, als der Patient im tiefem Koma lag und gerade reanimiert wurde.

Weitere Nachforschungen ergaben, dass er damals selbst sehen konnte, wie er im Bett lag und dass er von oben auf die Pflegekräfte und Ärzte herabsah, die ihn mit aller Kraft zu reanimieren versuchten. Er konnte auch den kleinen Raum, in dem er wiederbelebt wurde, und das Aussehen der Anwesenden korrekt und genau beschreiben. Damals, als er die Szene beobachtete, hatte er große Angst davor, dass wir ihn nicht reanimieren würden und er sterben müsste. Wir hatten uns tatsächlich große Sorgen um ihn gemacht, da er schon in sehr schlechter Verfassung ins Krankenhaus eingeliefert worden war. Er schilderte mir, wie er uns verzweifelt und erfolglos zu signalisieren versuchte, dass er noch lebe und wir ihn weiter reanimieren sollen. Er war tief bewegt von dem, was er damals erlebt hatte, und sagte, dass er sich heute nicht mehr vor dem Tod fürchte."

Hier nun eine Schilderung des C.G. Jung (1875–1961), der 1944 während eines Herzinfarktes eine außerkörperliche Erfahrung machte:

„Es schien mir, als befände ich mich hoch oben im Weltraum. Weil, unter mir sah ich die Weltkugel in herrlich blaues Licht getaucht. Ich sah das tiefblaue Meer und die Kontinente. Tief unter meinen Füßen lag Ceylon und vor mir lag der Subkontinent von Indien. Mein Blickfeld umfasste nicht die ganze Erde, aber ihre Kugelgestalt war deutlich erkennbar, und ihre Kontinente schimmerten silbern durch das wunderbare blaue Licht. An manchen Stellen schien die Erdkugel farbig oder dunkelgrün gefleckt wie oxidiertes Silber. Links lag in der Ferne eine weite Ausdehnung – die rot-gelbe Wüste Arabiens. Es war, wie wenn dort das Silber der Erde eine rot-gelbe Tönung angenommen hätte. Dann kam das Rote Meer, und ganz weit hinten – gleichsam links oben, konnte ich *gerade noch einen Zipfel des Mittelmeers erblicken. Mein Blick war vor allem dorthin gerichtet. Alles andere erschien nur undeutlich. Zwar sah ich auch die Schneeberge des Himalayas, aber dort war es dunstig oder wolkig. Nach rechts blickte ich nicht. Ich wusste, dass ich im Begriff war, von der Erde wegzugehen.*

Später habe ich mich erkundigt, wie hoch im Raume man sich befinden müsse, um einen Blick von solcher Weite zu haben. Es sind etwa 1500 km. Der Anblick der Erde aus dieser Höhe war das Herrlichste und Zauberhafteste was ich je erlebt hatte".

Nun, dieser Bericht von Jung wird noch interessanter, wenn man berücksichtigt, dass die Wissenschaft erst in den 1980er-Jahren Bilder aus dem Weltraum empfangen konnte, die allerdings den Schilderungen Jungs erstaunlich ähneln.

Eine weitere Erfahrung berichtet über eine tief komatöse Frau, bei der die Beatmungsgeräte abgeschaltet werden sollten, nachdem der behandelnde Neurologe sie für hirntot erklärt hatte Hier zeigt sich uns erneut, wie wenig wir eigentlich über den Zustand „tot" wissen:

Es war keine messbare Hirnaktivität mehr vorhanden. Während sie offensichtlich in tiefem Koma lag und keine Gehirnaktivität mehr zu erkennen war, führten der zuständige Facharzt und ihr Ehemann an ihrem Bett ein Gespräch.
Der Facharzt prognostizierte seiner Patientin ein Leben wie eine Treibhauspflanze und schlug ihrem Mann vor, in Betracht zu ziehen, sie von den lebenserhaltenden Geräten zu trennen. Ihr Mann hatte noch Hoffnung, dass sich ihr Zustand bessern würde, daher blieb sie an den Geräten angeschlossen.

Trotz der düsteren Prognose erwachte die Frau nach einigen Monaten aus dem Koma. Da trat zutage, dass sie fast die ganze Zeit ihres Komas alles wie gewohnt gehört hatte, auch das Gespräch zwischen dem Arzt und ihrem Mann über die passive Sterbehilfe. Sie erzählte, wie schrecklich das gewesen sei. Während sie herausschreien wollte, dass sie noch da ist, dass sie leben möchte, dass sie bei ihrem Mann und ihren Kindern sein möchte, wurde über ihr mögliches Sterben gesprochen.

Der Nachfolgende Bericht einer von Geburt an blinden Frau dürfte selbst Skeptiker zumindest nachdenklich machen:

Eine von Geburt an blinde Frau erlitt 1973 im Alter von 22 Jahren einen Autounfall, bei dem sie aus dem Wagen geschleudert wurde. Sie zog sich eine Schädelbasisfraktur sowie Frakturen an Nacken- und Rückenwirbeln zu. Die Frau konnte außerhalb ihres Körpers von oben den Unfall wahrnehmen sowie das Krankenhaus, in das man sie brachte. Ihre Schilderungen sind wahrlich aufsehenerregend:

„Ich habe niemals auch nur das Geringste gesehen, kein Licht, keinen Schatten, überhaupt nichts. Sehr viele Leute fragen mich, ob ich schwarz sehen kann. Nein, auch schwarz sehe ich nicht. Ich sehe überhaupt nichts. Und in meinen Träumen habe ich keine visuellen Eindrücke. Dort gibt es nur Geschmack, Gefühl, Geräusch und Geruch.
Zunächst kann ich mich daran erinnern, dass ich im Harbour View Medical Center war und auf alles hinabschaute. Es war beängstigend, denn ich war es nicht gewohnt, etwas visuell wahrzunehmen. Das war mir vorher noch nie passiert.
Am Anfang war es ziemlich unheimlich. Aber dann erkannte ich meinen Ehering und mein Haar. Und ich dachte, ist das mein Körper da unten? Bin ich etwa tot?

Die Ärzte schrien immer wieder, wir können sie nicht zurück-holen, wir können sie nicht zurückholen. Und sie arbeiteten wie besessen an diesem Ding, von dem ich jetzt wusste, dass es mein Körper war, obwohl er mir eigentlich nichts bedeu-tete. Ich hatte so ein Gefühl von: na und? Und dachte nur, warum regen die sich denn eigentlich alle so auf? So waren meine Empfindungen.

Ich beschloss fortzugehen, denn ich konnte diese Leute ein-fach nicht dazu bringen, mir zuzuhören. Allein schon bei dem Gedanken bewegte ich mich nach oben, quer durch die De-cke, als ob sie gar nicht da wäre. Es war phantastisch, drau-ßen zu sein, mich frei zu fühlen und mir keine Sorgen machen zu müssen, wogegen ich dieses Mal wieder stoßen würde. Ich wusste auch, wohin ich unterwegs war, ich hörte einen rau-schenden Klang wie von einem Wind-Gong. Es war der un-glaublichste Klang, den man sich vorstellen kann – er war vom tiefsten bis zum höchsten Ton zu hören. Als ich mich die-sem Gebiet näherte, waren Bäume, Vögel und viele Men-schen dort, aber sie wirkten wie Lichtgebilde. Und ich konnte sehen. Es war unglaublich, wirklich phantastisch, ich war überwältigt von dieser Erfahrung, denn schließlich hatte ich nie eine Vorstellung davon gehabt, was Licht eigentlich ist. Und ich hatte das Gefühl, dass wenn ich nur wollte, mir alles Wissen offenstand.

Und in dieser anderen Welt sah ich einige Bekannte, die mich willkommen hießen. Insgesamt waren es fünf. Debby und Di-ane waren früher meine Schulfreundinnen, aber sie waren schon vor langer Zeit gestorben, in einem Alter von elf und sechs Jahren. Als sie noch lebten, waren sie beide minderbe-gabt und blind. Hier aber sahen sie strahlend, schön, gesund und vital aus. Sie waren offenbar keine Kinder mehr, sondern standen in der Blüte ihres Lebens. Außerdem sah ich zwei der Betreuer meiner Kindheit wieder, ein Ehepaar, Herr und Frau Zilk hießen sie, auch sie waren beide verstorben.

Schließlich war da noch meine Oma – bei der ich eigentlich aufgewachsen war. Sie war zwei Jahre vor dem Unfall von uns gegangen. Meine Oma, die ein wenig abseits stand, streckte die Arme aus, um mich zu umarmen ... Und dann wurde ich zurückgeschickt und kehrte in meinen Körper zurück. Der Schmerz war unerträglich und brutal".

Zu den Erfahrungen, welche diese Dame außerhalb ihres irdischen Körpers gemacht hatte, werde ich am Ende der Berichte noch einmal näher eingehen. Aber lassen Sie mich Ihnen zuvor noch von weiteren Erfahrungen berichten:

„Ich fühlte, wie ich meinen Körper losließ und anfing in die Höhe zu steigen. Durch das Dach hindurch. Über das Krankenhaus. Alles wurde immer kleiner und das Tempo nahm erheblich zu. Um mich herum war alles dunkel, bis auf ein paar Sterne, die auf mich herabsausten, und ich sah, dass sie unterschiedliche Farben hatten. Mir blieb keine Zeit, etwas wahrzunehmen, dazu ging alles zu schnell. Das Tempo verlangsamte sich erst, als ich erkannte, dass ich mich in einer Art Sanduhr befand und zu ihrer Öffnung gezogen wurde. Ich bemerkte nun, dass ich nicht allein war, denn ein Strom durchscheinender Wesen nahm denselben Weg wie ich, während sich ein anderer Strom in die Gegenrichtung bewegte. Als ich später über Reinkarnation nachdachte, kam mir die Idee, das könnte wohl dieser Strom gewesen sein.
Als ich durch die Öffnung hindurch war, begann sich alles zu verändern. Zunächst mein Gefühl. Ich war so aufgewühlt, dass ich es nicht in Worte fassen kann. Mich überkam ein Gefühl des Friedens, das ich auf Erden nie empfunden hatte ... Ein vollkommen überwältigendes Gefühl der Liebe, nicht der irdischen Liebe, mit der ich ebenfalls vertraut war, sondern einer Liebe, die ich nicht beschreiben kann. Ich sah über mir ein helles Licht, und auf dem Weg zu ihm hörte ich herrliche Musik und sah Farben, die ich zuvor noch nie gesehen hatte.

Doch neben den Gefühlen, die ich eben schilderte, gab es auch das Gefühl, hier in einer völlig anderen Dimension zu sein. Wenn es etwas hier nicht gab, dann war es unser irdischer Zeitbegriff. Ich hatte gleichsam einen erweiterten Blick auf diese andere Dimension. Auf meinem Weg hinauf zu dem alles umfangenden Licht sah ich unzählige andere Wesen, die sich ebenfalls auf diesem Weg befanden. Kurz bevor ich das Licht erreicht hatte, wurde ich von einer Art Hülle, die es abschirmte zurückgehalten."

Und noch weitere Berichte:

„Als ich während meines Herzstillstandes eine Nahtoderfahrung hatte, sah ich nicht nur meine Großmutter, sondern auch einen Mann, der mich liebevoll anschaute, den ich jedoch nicht erkannte. Etwa zehn Jahre später, an ihrem Sterbebett, erzählte mir meine Mutter, dass ich aus einer außerehelichen Beziehung hervorgegangen sei. Mein biologischer Vater war ein Jude, den man im zweiten Weltkrieg abtransportiert und umgebracht hatte. Meine Mutter zeigte mir sein Foto. Der unbekannte Mann, den ich etwa zehn Jahre zuvor während meiner Nahtoderfahrung gesehen hatte, war offenbar mein biologischer Vater."

„Als ich sechzehn war, hatte ich einen schweren Mofa-Unfall. Ich lag fast drei Wochen im Koma. Während dieses Komas hatte ich eine sehr erschütternde Erfahrung ... und schließlich kam ich zu einer Art Metallzaun hinter dem Herr van der G. Stand, der Vater des besten Freundes meiner Eltern. Er sagte zu mir, ich dürfe nicht weitergehen. Ich müsse zurückgehen, denn meine Zeit sei noch nicht gekommen ... .Als ich wieder bei Bewusstsein war und meinen Eltern die Geschichte erzählte, sagten sie mir, dass Herr van G., während ich im Koma lag, gestorben wäre und beerdigt worden sei. Ich konnte gar nicht wissen, dass er tot war".

Erstaunlich an den Schilderungen ist, dass sich auch Kleinkinder rege an diese Erfahrung erinnern können. Aber lesen Sie selbst:

„Im Alter von fünf Jahren bekam ich eine Gehirnentzündung und fiel ins Koma. Ich starb und trieb in einer schwarzen Leere, in der ich mich geborgen fühlte. Ich fürchtete mich nicht und hatte keine Schmerzen.

Es war ein Ort, an dem ich mich zu Hause fühlte ... ich sah ein Mädchen von etwa zehn Jahren und ich bemerkte, dass sie mich erkannte. Wir umarmten uns und sie sagte zu mir, ich bin deine Schwester. Ich bin einen Monat nach meiner Geburt gestorben. Man hat mich nach unserer Großmutter benannt. Unsere Eltern nannten mich einfach Rietje. Sie küsste mich und ich spürte ihre Wärme und Liebe. ‚Du musst zurückgehen', sagte sie mir.

Sofort war ich wieder in meinem Körper. Ich öffnete die Augen und blickte in die glücklichen und erleichterten Gesichter meiner Eltern. Ich erzählte ihnen von meiner Erfahrung, die sie erst als Träume abtaten. Ich zeichnete meine Engelsschwester, die mich willkommen geheißen hatte, und beschrieb alles, was sie erzählt hatte. Meine Eltern erschraken so sehr, dass sie regelrecht in Panik gerieten. Sie standen auf und verließen den Raum.

Nach einiger Zeit kehrten sie endlich wieder zurück. Sie bestätigten mir, dass sie eine Tochter verloren hatten, die Rietje hieß. Sie war ungefähr ein Jahr vor meiner Geburt an einer Vergiftung gestorben. Meine Eltern hatten damals beschlossen, mir und meinem Bruder erst dann davon zu erzählen, wenn wir in der Lage wären, zu verstehen, was Tod und Leben bedeuteten".

Eine weitere Erfahrung berichtet von einem Jungen, der von Geburt an taub ist und im Alter von zehn Jahren beinahe ertrank:

„... dann kam ich an eine Grenze. Selbst mit meinen zehn Jahren musste das niemand erklären. Mir war einfach klar, dass ich nie wieder zurückkehren könnte, wenn ich diese Grenze überschritt.
Aber einige meiner Vorfahren standen auf der anderen Seite und zogen meine Aufmerksamkeit auf sich, denn sie redeten in einer Art Telepathie miteinander. Ich bin von Geburt an völlig taub. Alle meine Angehörigen können ganz normal hören und verständigen sich mit mir immer in Gebärdensprache. Und nun konnte ich auf einmal mit zwanzig meiner Vorfahren durch eine Art Telepathie direkt kommunizieren. Das war eine überwältigende Erfahrung".

Abschließend möchte ich Ihnen noch über eine empathische Nahtoderfahrung berichten.
Eine so genannte empathische Nahtoderfahrung ist eine Erfahrung, die auf Einfühlungsvermögen beruht. Sie wird nicht durch eigene körperliche oder psychische Probleme ausgelöst, sondern durch starke Emotionen, die jemand empfindet, wenn ein geliebter Mensch stirbt. Man wird gewissermaßen in die Erfahrung einer sterbenden oder dem Tode nahen Person aufgenommen und von ihr mitgenommen.
Eine solche empathische Nahtoderfahrung ist inhaltlich mit einer klassischen eigenen Nahtoderfahrung identisch.

„Anne und ich hatten eine Beziehung, und dann starb sie plötzlich an den Folgen eines schweren Verkehrsunfalls. Ihr Sohn, der gerade sieben Jahre alt geworden war, erlitt eine dramatische Kopfverletzung. Sein Gehirn quoll fast aus seinem Schädel, der aussah wie eine kaputte Wassermelone. Er brauchte fünf Tage für seinen Übergang.
Er war das Älteste von neun Enkelkindern in seiner Familie. Ungefähr sechzig Angehörige hatten sich um sein Krankenbett versammelt, und ich war nur der Freund seiner Mutter, der irgendwo hinten am Fenster stand. In dem Moment, als

er starb, als sein EEG zu einer geraden Linie wurde, sah ich seine Mutter, die kam, um ihn abzuholen. Dabei muss man sich ganz klar vor Augen halten, dass sie schon fünf Tage zuvor gestorben war.

Und dann kam es zu dieser unglaublich schönen Wiederbegegnung. Irgendwann reichte sie mir die Hand und bezog mich in ihre Umarmung mit ein.

Es war unbeschreiblich und ekstatisch.

Und ein Teil von mir verließ meinen Körper und begleitete sie zum Licht.

Ich weiß, dass das sehr seltsam klingt. Aber in diesem Moment, in dem ich Anne und ihren Sohn auf ihrem Weg zum Licht begleitete, war ich vollkommen bei Bewusstsein und zugleich war ich auch ganz bewusst in dem Raum, in dem die ganze Familie entsetzlich traurig darüber war, dass ihr kleiner Neffe und Enkelsohn gerade gestorben war.

Ich begleitete die beiden. Gemeinsam gingen wir auf das Licht zu, doch irgendwann wusste ich, dass ich zurückkehren musste. Ich fiel einfach in meinen Körper zurück.

Es war eine derart überwältigende Erfahrung, ich glühte förmlich vor Glück und bemerkte plötzlich, dass ich mit einem strahlenden Lächeln in diesem Raum zwischen all diesen Menschen stand, die gerade ein geliebtes Kind verloren hatten.

Um zwischen all den trauernden und weinenden Menschen nicht pietätlos zu wirken, bedeckte ich hastig mein Gesicht mit den Händen.

Ich habe über die Erfahrung geschwiegen. Damals schien es mir völlig unangebracht, darüber zu reden, und es war mir auch nicht möglich, weil für das, was passiert war, die Worte fehlten. Bis zu diesem Augenblick dachte ich immer, ich wüsste, wie es in der Welt zugeht. Aber mein Weltbild hat sich mit einem Mal radikal verwandelt".

Ich weiß nicht, wie es Ihnen geht, aber mich überkommt jedes Mal, wenn ich derartige Berichte lese, eine Art von Ergriffenheit. Denn irgendwie scheinen wir Menschen zu ahnen oder auch zu wissen, dass genau das auch einmal auf uns selbst zukommen wird.

An manchen Stellen der einzelnen Berichterstattungen konnte ich Erfahrungen entdecken, welche ich selbst, im Zuge tiefster Meditation erlebt hatte. Das Wiedereintauchen in den eigenen Körper, die unangenehme Enge, welche man dabei spürt und das Erblicken des eigenen Körpers ist für mich nicht mehr fremd.

Durch die ständigen Atemübungen und Meditationswiederholungen ist es mir ja dann auch gelungen, meinen irdischen Körper so weit zu verlassen, dass ich quasi neben ihm stand. Allerdings sah ich meinen Körper bislang nie von oben, sondern stets von der Seite bzw. aus der Sicht einer neben dem Bett stehenden Person. Wenn ich mich von meinem Körper entfernte, dann geschah das nie sofort, also per Gedanke, sondern stets so, wie ich es gewohnt war, mithilfe meiner Beine. Ich konnte alles durchdringen (siehe Bericht im Kapitel „Der Kontakt") und überall hindurchgreifen.

Allerdings war es immer völlig still um mich herum. Ich sah alles in wunderschönen Regenbogenfarben, selbst der Himmel war irgendwie pastell-bunt. Aber ein Licht konnte ich niemals sehen. Ich konnte unsere Katze und meine Lebensgefährtin wie Farbschleier sehen und mit der Hand durch sie hindurchfahren, aber Verstorbene, wie meinen Vater, meine Tante, meine Oma oder meine Mutter habe ich niemals sehen können.

Ich verspürte zwar eine unendliche Ruhe, hatte aber niemals das Gefühl Zuhause zu sein. Ich hatte auch noch nie irgendwelche Schatten oder dunkle Gebilde gesehen, sondern eben nur diese wunderschöne Farbenpracht.

Da ich mich nunmehr seit gut zwanzig Jahren mit dieser Thematik beschäftige und Dutzende so genannte Nahtoderfahrungen studiert habe, bin ich zu dem Ergebnis gekommen, dass ich in meiner Tiefenmeditation zwar meinen Körper verlassen kann, sich dabei jedoch nur ein recht geringer Teil meiner Seelen-Energie aus meinem irdischen Körper löst. Quasi gerade so viel, dass ich wahrnehmen kann. Die überwiegende Energie verbleibt weiterhin in meinem Körper. So gesehen taucht nur ein ganz geringer Teil meiner Seelen-Energie in diese „andere" Sphäre ein. Hinzu kommt noch, dass ich diesen Zustand selbst bzw. künstlich herbeiführe und somit außer der Reihe diese kurze Reise antrete (da meine Zeit noch nicht gekommen ist, ist auch niemand da, der mich abholt).

Allerdings haben mich gerade diese „Reisen", aber auch Berichte von Nahtoderfahrungen in meinem Glauben bestärkt, dass wir Menschen auch nach dem irdischen Leben existent sind.

Nur wie, wie lange und in welcher Umgebung, darüber gibt es jede Menge Spekulationen.

Nach jahrelanger Studie der Geisteswissenschaften reifte in mir nach und nach die Theorie eines zellulären Universums. Diese Theorie beantwortet mir, zumindest bis heute, die Frage nach dem woher und dem wohin. Denn für mich steht unumstößlich fest, hinter der Kirchhofsmauer ist eben nicht alles zu Ende.

Die Theorie des zellulären Universums

Diese Theorie geht davon aus, dass die „Urzelle" in Form eines „Kollektivbewusstseins" bereits vorhanden ist.

Dem Verständnis nach kann sie auch mit Gott bezeichnet werden. Sie ist das Ergebnis eines ständigen Kreislaufes: *Teilen – Erfahren – Lernen – Erkennen – Wissen – Komprimieren (Zerfall) – Teilen – usw.*

Auf diesem Weg erlangt das Kollektivbewusstsein (Gott) höchstes Wissen und die Fähigkeit, bedingungslos zu lieben. Wo, wann und in welcher Form dieser Kreislauf seinen Anfang hatte, werden wir wohl erst erfahren, wenn wir befähigt sind, zu begreifen, warum dieser Kreislauf überhaupt existiert.

Wir befinden uns mitten in einem dieser endlosen Wiederholungen des *Teilens – Erfahrens – Lernens – Erkennens …*, denn der von unserer Wissenschaft errechnete „Urknall" war quasi die „erste" Teilung der Urzelle zu Beginn eines erneuten Kreislaufes. Alles Wissen (Wissen auf jedem Gebiet), alle Erfahrungen und eine alles umfassende Liebe wurde durch die Zellteilung weitergegeben.

Das Universum begann wieder zu erwachen, denn die „neue" Zelle begann sich ebenfalls zu teilen und die Nächste ebenso … Die Urzelle hingegen blieb ständig in Kontakt mit den neuen Zellen, nahm also auf diesem Weg deren Erfahrungen mit auf, lernte und erlangte dadurch weiteres Wissen. Neue chemische Prozesse entstanden, aus denen sich neue Formen hervortaten (Planeten), die wiederum eigene Reaktionen zeigten. Ein gänzlich „neues" Universum entstand, da die einzelnen Zellen jeweils „selbstständig" und „kreativ" mit dem Wissen der Urzelle reagierten.

Diesen „Zustand" sollte man sich über viele Milliarden von Erdenjahren vorstellen, in denen die neuen Zellen Erfahrungen machten und das Wissen der Urzelle in das neue Universum einbauten. *Stets verbunden mit der Urzelle war es ein kreatives Schaffen, Erfahren und Lernen.*

Die heutige Kirche spricht an Stelle der „ersten" Zellteilungen, von „Engeln", da sie die ersten Geschöpfe nach Gott waren. Betrachten wir diese Tatsache unter dem Gesichtspunkt einer Zellteilung, dann kann man, wenn man geneigt ist, eine bildhafte Sprache zu verwenden, diese ersten Zellen gerne auch als *Engel* bezeichnen.

Warum? Nun, wenn wir zum Beispiel ein 3D-Bild in zwei Teile trennen, dann haben wir augenscheinlich ein „geteiltes" Bild vor uns. Tatsächlich jedoch, enthalten „beide" Teile des Bildes jeweils das „komplette" Bild in sich. Wir können das Ganze bis auf einen winzigen Schnipsel herunterbrechen und dabei feststellen, selbst der winzige Schnipsel enthält das „komplette" Bild in sich. Einziger Unterschied ist, das komplette Bild wird nach jeder weiteren Teilung immer unschärfer.

Die erste Teilung enthält daher noch das klarste „Komplettbild" in sich, auf die Zellteilung umgesetzt bedeutet das, die erste Teilung trägt die „reinste" Information der Urzelle in sich. Daher ist auch die am weitesten von der Urzelle entfernte Zelle (im Sinne von Teilung) am eigenständigsten (freier Wille). Was wiederum bedeutet, dass diese Zellen die „neuesten" Erfahrungen bringen bzw. den Grundstein für „neues" Wissen in der Urzelle (*Kollektivbewusstsein*) legen.

Da ich in diesem Buch mein Hauptaugenmerk auf die menschliche Seele (*Bewusstsein/Zelle*) lege, überspringe ich an dieser Stelle den Weg bis hin zur Zellteilung „Mensch" und fahre dort fort, wo das Bewusstsein (*Mensch/Seele/Zelle*) in einer dem Planeten angepassten Hülle (*Körper*) *erfahren – lernen und erkennen* kann, um letztlich dem Kollektiv *neues Wissen* zuzuführen.

Den daran Interessierten unter Ihnen kann ich allerdings den Hinweis geben, dass in einem weiteren Werk von mir: *„Es ist falsch zu schweigen"* die gesamte Entwicklung erklärt wird.

Also, wie gesagt, diese, von der Urzelle (*Kollektivbewusstsein*) weit entfernte Zelle (*Bewusstsein/Seele*) taucht nun zum Zweck des *Erfahren – Lernen – Erkennen und Wissen* in eine speziell dem Planeten angepasste Hülle (*Körper*). Zuvor befand sie sich in einem Zellverbund von „Gleichgesinnten", in der sie die Erfahrungen und das Wissen anderer, gleichgesinnter Zellen aufnahm bzw. der Zellverbund sein gesamtes Wissen an die Urzelle (*Kollektivbewusstsein*) weiterleitete.

Die einzelnen Zellverbände *(ein in sich geschlossenes intelligentes Bewusstsein)* sind nach dem Schlüssel-Schloss-Prinzip miteinander Verbunden und gewährleisten somit einen mehr oder weniger engen Kontakt mit der Urzelle (*Kollektivbewusstsein*).
Taucht (reinkarniert) nun ein Bewusstsein (*Seele/Zelle*) in eine Hülle (*Körper*), dann trägt es das gesamte Wissen aus seinem Bewusstseinsverbund (*Zellverbund*) <u>und</u> eine zwar unscharfe aber dennoch „komplette Urinformation" des Kollektivbewusstseins (*Urzelle*) in sich.

Mit dem Drang, sich ständig weiterzuentwickeln, entscheidet sich das Bewusstsein *(die Zelle),* seinem Entwicklungsstand angepasst, wo und wie lange es in diesem Zustand *(in der Körperhülle)* verbleiben möchte.
Bildhaft erklärt, bedeutet das z. B., dass sich ein Bewusstsein aus einem extrem religiösen Bewusstseinsverbund in der Regel keine Umgebung *(Familie)* aussucht, in der es niemals die Chance bekommt, sich weiterzuentwickeln. Ähnlich verhält es sich mit einem kriegerischen, kämpferischen Bewusstsein. Es würde sich niemals eine Umgebung aussuchen, in der es seine kämpferischen Fähigkeiten und Erfahrungen

nicht erweitern könnte, sondern möglichst dort reinkarnieren, wo zumindest *Kampf* angesagt ist bzw. Verständnis darüber herrscht, dass *Kampf* einen Teil des Daseins prägt.

Diese „Wahl", aus dem Zellverbund *(mit eigenem kollektiven Bewusstsein)* heraus in eine dem Zellverbund *(Kollektiv)* angepassten Umgebung zu reinkarnieren, kann auf alle Fähigkeiten und Erkenntnisse übertragen werden. Dieses, auf einen festgelegten Zeitraum reinkarnierte Bewusstsein *(Seele/Zelle)*, besitzt quasi als Rückfahrticket einen zu seinem Zellverband passenden Schlüssel.

Bis zum vollständigen Eintauchen in die vorgesehene Hülle bleibt dieser Schlüssel „passend" und das Bewusstsein *(Seele/Zelle)* mit „seinem" Zellverbund eng verbunden (in der Regel bis zum 21. Lebensjahr). Diese enge Verbindung mit der eigenen „Stammzelle" kann dazu führen, dass ein Erdenkind sozusagen das volle Programm seiner Stammzelle auf Erden umsetzt (Wunderkinder).

Mit Erreichen des 21. Lebensjahres hat sich das Bewusstsein *(die Seele/Zelle)* vollkommen entfaltet und entscheidet nun bewusst und aus freiem Willen. Jetzt hängt es davon ab, welche Erfahrungen und Erkenntnisse das Bewusstsein durchläuft. Bleibt es in dem Bereich seiner Stammzelle und lernt weiter dazu oder orientiert es sich in eine andere, einer in seiner Stammzelle *(Kollektivbewusstsein seines Zellverbundes)* nicht möglichen Richtung. Ist letzteres der Fall, dann ändert sich sein Zellverbundschlüssel.

Diese Veränderung erfolgt über die Zeit eines Erdenlebens und zwar immer dann, wenn das Bewusstsein durch *Erfahren – Lernen – Wissen* eine andere Richtung einschlägt.
Man darf sich jedoch das Kollektivbewusstsein eines Zellverbundes nicht zu begrenzt vorstellen.
Nehmen wir als Beispiel einen Zellverbund, der sich überwiegend mit der Natur beschäftigt. In diesem Zellverbund

werden wir Erfahrungen und Erkenntnisse sowohl von Landwirten, Gärtnern und Naturliebhabern als auch von Naturwissenschaftlern vorfinden. Quasi das komplette *Spektrum Natur* mit all seinen unterschiedlichen Facetten.

Bei einem Kaufmann, dessen Bewusstsein (*Seele/Zelle*) aus einem Zellverbund der Natur stammt und der sein gesamtes Berufsleben, sagen wir mal im Büro verbracht hat, während er in seiner Freizeit seiner „Neigung" oder auch „Vorliebe" dem „Gärtnern" nachging, wird sich der Zellverbundschlüssel nicht ändern. Vielmehr bringt er seinem Kollektiv neue Erfahrungen und Erkenntnisse, da er dem Grundmuster seiner Stammzelle noch immer entspricht.

Daher kehren auch die *meisten Bewusstseins* nach der irdischen Zeit in den Zellverbund zurückm, aus dem sie reinkarniert haben (das zeigen auch die vielen unterschiedlichen Nahtoderfahrungen auf, wenn von Zusammentreffen verstorbener Verwandter oder Bekannter die Rede ist).

Die Esoterik spricht in diesem Fall von so genannten „Wiederholungen". Was jedoch nicht bedeutet, dass sich dieser Vorgang endlos wiederholt, denn irgendwann, nach zig-Inkarnationen, wird sich das Bewusstsein aufgrund seiner Erfahrungen und Erkenntnissen „Umfangreicherem" zuwenden und einen anderen Schlüssel besitzen bzw. nach dem irdischen Leben in einen „neuen" seinem Bewusstsein angepassten Zellverbund eintauchen.

Im Laufe dieser Zyklen kommt es schließlich dazu, dass sich eine Kollektivzelle „erneut" spaltet bzw. einem anderen Kollektiv anschließt. Und zwar immer dann, wenn mehrere Stammzellen, die ja stets miteinander verbunden sind, so auch mit der Urzelle, in ihrer Mehrzahl, Bewusstsein aufweisen, welches vom Grundmuster der eigentlichen Stammzelle abweicht.

In diesem Fall schließen sich die einzelnen Stammzellen zu einem Kollektiv, einer neuen Stammzelle zusammen. Was zur Folge hat, dass die zurückgelassenen Stammzellen erheblich schrumpfen.

Je weiter der universelle Kreislauf vorangeschritten ist, desto häufiger findet dieser Vorgang statt bzw. schrumpft das universelle Zellgewebe, denn letztlich erlöschen die zurückgebliebenen Zellverbände, da nach und nach alles Bewusstsein sozusagen auswandert.

Ziel und abschließendes Bestreben dieses Kreislaufes ist es also, irgendwann, aufgrund aller Erfahrungen, allem Gelernten und allem Wissen „eine" Einheit, ein Kollektiv zu formen, welches letztlich mit der Urzelle verschmilzt, damit ein „neuer" Kreislauf beginnen kann.

In diesem Zusammenhang rückt die einst von der Urzelle am weitesten entfernte Zelle *(Bewusstsein/Seele)* immer näher an die Urzelle heran, bis sie als letztes Kollektiv (*Stammzelle*) den Platz der Urzelle, als „neue" Urzelle einnimmt. Die Kirche spricht in diesem Fall von einem *Wieder-vereint-Sein* mit Gott.

Hin und wieder kann es geschehen, dass sich ein Bewusstsein *(Seele/Zelle)* in eine gänzlich neue Richtung entwickelt und daher für keinen Zellverbund den passenden Schlüssel besitzt (z. B. der feste Glaube, als Geist weiterzuleben oder aber, das Bewusstsein kann sich überhaupt nicht vorstellen, dass nach dem irdischen Leben noch irgendetwas existiert und begreift daher nicht, dass es nicht mehr Mensch ist).

Dieses Bewusstsein füllt sozusagen die „Zwischenräume" der Zellverbundes aus und existiert darin. In diesen Zwischenräumen ist es quasi sich selbst überlassen und seinem freien Willen ausgesetzt, also keinem Kollektiv angepasst.

Das hat zur Folge, dass es sich auch überwiegend in der Nähe der „Lebenden" aufhält, denn diese Umgebung kennt es. Nicht selten versucht ein in diesem Zwischenraum existierendes Bewusstsein „Einfluss" auf irdische Geschehen zu nehmen, da es ja noch immer der Meinung ist, Mensch zu sein (Poltergeister).

Aus diesen Zwischenräumen heraus hat das Bewusstsein jedoch nicht die Möglichkeit zu reinkarnieren. Es kann daher durchaus geschehen, dass sich ein in den Zwischenräumen befindliches Bewusstsein recht lange dort aufhält. Erst wenn sich das Bewusstsein zu einem Zellverbund hingezogen fühlt (*erkennt*) und darin eintaucht, kann es „seinen" Kreislauf fortsetzen.

In seltenen Fällen entschließt sich eine Seele *(Bewusstsein/Zelle)* bewusst dafür, in den Zwischenräumen zu verharren. Die Gründe dafür sind oft mit dem Wunsch verbunden, Zurückgebliebenen zu helfen oder aber, dass Bewusstsein hat das Verlangen, noch etwas in Ordnung bringen zu müssen. Letztlich jedoch findet „jede" Zelle in einen Zellverbund zurück und die allmähliche Verschmelzung einzelner Stammzellen bis hin zur Urzelle besagt schließlich nichts anderes, als dass die Seelen *(Zellen/Bewusstsein)* im Grunde genommen die „neue" Urzelle (Gott) darstellen.

Demnach machen wir keine *Fehler,* sondern *Erfahrungen.* Wir sind auch nicht böse, sondern lernen über den **Hass** – die **Liebe**, über die **Trauer** – das **Glück**, über **Uneinsichtigkeit** – die **Einsicht** und letztlich über die **Unwissenheit** – das **Wissen**.

Denn nur auf diesem Weg kann über einen immer wieder neuen Kreislauf, neues Wissen und neue Erfahrungen, eine „neue" Urzelle, ein neues Universum entstehen.

Der freie Wille macht daher keine Fehler, im Gegenteil, er ermöglicht erst die Vielfalt, daher darf er niemals unterdrückt oder übergangen werden.

Wie HAARP in dieses Gefüge eingreift

Im vorangegangenen Abschnitt konnten Sie erfahren, wie wichtig eine freie Willensentscheidung für den Menschen in Bezug auf seine kosmische Weiterentwicklung ist. Wie schwer jedoch ein wirklich freier Wille gelebt werden kann, zeigt der Ablauf zwischen *Denken (Wollen)* und *Handeln*. Genauer gesagt muss man tatsächlich der Frage nachgehen: „Handelt der Mensch wirklich nach freiem Willen"?

Dem Gesetz nach bedeutet Wille, dass wir bei unseren Handlungen nicht vollständig festgelegt sind. Denn dass wie, was die Zukunft angeht, hat quasi einen Spielraum, was uns ermöglicht, auch anders zu handeln.

Dem gegenüber haben Forscher festgestellt, dass Prozesse in unserem Gehirn unser *Tun* bestimmen. Und erst eine bis zwei Sekunden später, während die Handlung also schon anläuft, hat der Mensch das Gefühl, es *zu wollen*.

Das rührt daher, dass, bevor wir mit dem Gefühl *des Wollens* etwas tun, im Gehirn Prozesse ablaufen, welche die Handlung eindeutig festlegt.

Das Gehirn bereitet sozusagen eine Handlung vor, und nachdem der Startschuss gefallen ist, haben wir das Gefühl, wir *wollen* das so.

Willensempfindungen und Bewegung fallen also zeitlich zusammen. Ab diesem Moment hat der Mensch keine Möglichkeit mehr, ein Veto einzulegen, denn neuronale Impulse können auch nur durch neuronale Impulse unterdrückt werden.

Und schon sind wir bei HAARP: „Neuronale Impulse" oder auch „aufmodulierte Informationen".

Damit Sie den Zusammenhang besser nachvollziehen können, möchte ich Ihnen den zuletzt beschriebenen Ablauf im Gehirn anhand eines Beispiels verdeutlichen.

Stellen Sie sich einfach eine junge Dame vor, die sehnsüchtig in die Auslage eines Geschäfts schaut. Dort nämlich hat sie einen nach ihrem Geschmack wunderschönen Mantel entdeckt. Zu gerne würde sie gleich den Laden betreten und das begehrte Objekt kaufen, aber leider gibt ihre Geldbörse nicht mehr so viel her. Daher nimmt sie sich fest vor, sobald es ihr möglich ist, eben diesen wunderschönen Mantel zu kaufen.

Bereits einige Tage später erhält sie ihr monatliches Gehalt und somit auch genügend Geld, um sich den Mantel leisten zu können. Da sie aber eine umsichtige und verantwortungsvolle junge Dame ist, sagt sie sich, dass sie von ihrem Gehalt Miete, Strom und Handyrechnungen bezahlen muss und dass sie schließlich auch noch genügend Geld für ihre Ernährung benötigt.

Schließlich gesteht sie sich ein, dass sie sich den Mantel noch immer nicht leisten kann. Allerdings nimmt sie sich fest vor, dass, wenn sie genügend Geld übrig hat, sie sich diesen Mantel leisten wird.

Wieder einige Tage später hat die gute Dame Geburtstag und da ihr Freund ein aufmerksamer Mensch ist, hat er längstens mitbekommen, dass sich seine geliebte Freundin nach dem in der Auslage hängenden Mantel sehnt. Also begibt sich der Freund mit der Absicht, seiner Freundin diesen Mantel zum Geburtstag zu schenken, in das besagte Kaufhaus.

Dort muss er zu seinem Entsetzen feststellen, dass eben dieser Mantel für seinen schmalen Geldbeutel zu teuer ist. Daher lässt er sich ähnliche Modelle zeigen, die nicht so teuer sind und entscheidet sich für einen Mantel, der dem Wunschmantel seiner Freundin aufs Ei gleicht, nur der Hersteller ist ein anderer.

Am Geburtstag seiner Freundin überreicht er daher stolz sein großes Paket. Sein Geschenk ist ein Volltreffer. Die Freundin ist hin und weg, sieht der Mantel doch genau so aus, wie jener, den sie in der Auslage gesehen hat. Ihr Freund klärt sie zwar auf, dass es eben nicht genau der Mantel ist, aber das spielt für die junge Dame keine Rolle.

Am Nachmittag kommen die Eltern zu Besuch und da sie wissen, ihre Prinzessin freut sich stets über „Bares", überreicht ihr der Vater einen mit Geld gefüllten Umschlag.

Es vergehen wieder einige Tage, bis die beste Freundin der jungen Frau sie zu einem Einkaufsbummel einlädt. Freudig nimmt sie das an und begibt sich mit ihrem Geldumschlag bewaffnet und ihrer Freundin im Schlepptau auf Shopping-tour. Sie probiert mal da und schaut mal dort, jedoch kaufen will sie letztlich nichts.

Auf dem Heimweg kommen sie an dem Kaufhaus vorbei, in dem ihr Mantel in der Auslage zu sehen ist. Sie betritt ohne Umschweife den Laden und kauft zielstrebig den Mantel.

Auf die erstaunte Frage ihrer Freundin hin, warum sie sich noch einmal gleichen Mantel gekauft habe, antwortet sie: „Es ist nicht der gleiche und überhaupt habe ich mir schon lange genau diesen Mantel gewünscht". Auch ihr Verlobter stellt die gleiche Frage und bekommt daraufhin eine ähnliche Antwort.

Besser wäre gewesen, er hätte gefragt, was denn da in Ihrem Gehirn abgelaufen ist?

Ja was? Nun, ab dem Moment, wo die junge Dame vor der Auslage den Wunsch verspürte, diesen Mantel zu kaufen, begann ihr Gehirn in rasenter Geschwindigkeit ihre Erfahrungsdateien zu durchforsten. Dabei stieß es auch auf die Erfahrungsdatei *„Nur, wenn Geld übrig ist"*. Danach legte das Gehirn die Handlung *„Mantel kaufen"* fest und ging sozusagen auf Stand-by. Als die junge Dame ihren Lohn erhalten hatte, aktivierte das Gehirn die festgelegte Handlung noch nicht, da die Sperre aus der Datei *„nur, wenn Geld übrig ist"* sie daran hinderte. Im Moment der Geldübergabe durch den Vater jedoch erfolgte der Startschuss. Die Gute hatte daher keine Chance mehr, diesen festgelegten Ablauf zu verhindern. Erst als der Ablauf auch ins *Wollen* überging, rechtfertigte sie den Kauf durch ihren langgehegten Wunsch.

So, und nun zur Beeinflussung des menschlichen Gehirns: Die betreffende Person wird im Alpha-Zustand in einem schalldichten Raum auf eine Liege gelegt. Danach wird ihr eine Videobrille aufgesetzt und Kopfhörer angelegt. Die Videobrille zeigt zurechtgeschnittene Ereignisse, in denen der Betroffene stets bildlich eingebunden ist. Über den Kopfhörer hört die Person die zum Video gehörenden Geräusche (Sprache, Musik usw.). Die einzelnen Filmszenen werden so oft wiederholt, bis die die „Programmierung" überwachende Person anhand eines EEGs feststellt, dass Erfahrungsdateien angelegt worden sind. Das sieht sie, wenn sie vermehrte Aktivitäten der rechten Gehirnhälfte registriert. Ist der Vorgang beendet, besitzt die behandelte Person einprogrammierte Dateien, die das Gehirn als Erfahrungsdateien deutet (Selbstmord, Attentat, Prostitution usw.).
Die spätere Aktivierung der Dateien erfolgt je nach Programmart. Also entweder durch ein Code-Word, welches stets zu Beginn der Aufzeichnungen von der Person immer gelesen wird, so dass sie dieses Wort stets mit der Handlung des Videos verbindet, oder aber, die Erinnerungsdatei wird speziell auf eine Handlung zurechtgeschnitten (Mord, Attentat). In diesem Fall kann man der Person einen klaren Befehl geben, den sie dann selbstorganisiert ausführt.
Aber das ist Schnee von gestern, denn HAARP kann das alles, ohne dass die behandelnde Person erst umständlich im Alpha-Zustand auf eine Liege gelegt werden muss. HAARP speist die Bilder direkt in das Gehirn. Der Ablauf ist dann wie gehabt.

Leider ist der Teufelskreislauf damit noch nicht geschlossen, zu all dem Übel kommt nun noch eine weitere geisteswissenschaftliche Komponente hinzu.

Sicherlich haben Sie schon des Öfteren davon gehört, dass uns Menschen ein zarter Schleier umgibt, die so genannte *Aura*.

Die Aura ist ein den Körper umgebendes Energiefeld. Dieses Feld ist mittlerweile auch für die Wissenschaft konkret, real und existent.

Man kann sich die Aura wie eine farbige, eiförmige Wolke vorstellen. In der Aura drückt sich sowohl das Gefühlsleben, als auch die Gedanken und Handlungen, aber auch jede Bewegung der Knochen und Organe jedes Lebewesens (also auch Tier und Pflanze) durch spezifische Farben aus.

Das erste Aura-Foto wurde von dem genialen Wissenschaftler Nicola Tesla aufgenommen und geht in das Jahr 1891 zurück. In den 1970er-Jahren entstand die Kilian-Fotografie. Mittlerweile ist es möglich, nicht nur Standfotos der Aura zu machen, sondern dank moderner Computertechnik kann die Aura nun auch interaktiv auf einem Computer dargestellt werden.

Genug davon, gehen wir wieder zurück zum programmierten Gehirn. Natürlich drückt sich die einprogrammierte Datei in der Aura auch durch spezifische Farben aus. Was jedoch die Aura mit ihrem Energieinhalt zusätzlich noch macht, ist, sich mit anderen Auren zu mischen. Und zwar immer dann, wenn sich zwei Lebewesen entsprechend nahe kommen.

Zum besseren Verständnis stellen Sie sich einfach zwei nicht allzu weit voneinander entfernte Wassertropfen vor. Dem einen Wassertropfen fügen Sie ein wenig rote Farbe und dem anderen gelbe Farbe zu. Nun führen Sie diese beiden Wassertropfen so nahe zusammen, dass sie sich an den

Rändern berühren. Sie werden sehen, jeder der beiden Wassertropfen nimmt bis zu einem gewissen Prozent die Farbe des anderen Wassertropfens in sich auf.

Genau so verhält sich das Energiefeld aller Lebewesen. Das bedeutet wiederum, alle Lebewesen nehmen sozusagen ständig bruchstückhafte Erfahrungsdateien und Gedanken anderer in ihrer Aura auf, aber auch Gemütsverfassung und Wissen.

Da jedoch Aura und Gehirn ständig in Verbindung stehen, kann es geschehen, dass eben diese „fremde Erfahrungsdateien" als „eigene Erfahrungsdateien" übernommen werden. Allerdings nur dann, wenn die Datei entsprechend intensiv ist. Normale Gedanken und Gemütsverfassungen streifen uns Menschen lediglich, oder wir bemerken ein undefinierbares Unwohlsein in der Nähe des Überträgers.

HAARP hingegen wirkt mit seiner gezielten und gebündelten Stärke auf uns Menschen wie ein unbemerkter Virus, der sich wie eine Epidemie ausbreitet.

Bezogen auf meine Theorie eines zellulären Universums bedeutet diese „augenscheinliche" freie Willensentscheidung, dass die Seele sich nach dem irdischen Leben definitiv dem „falschen" Zellverbund anschließt, und demnach auch in die „falsche" Umgebung reinkarniert.

So gesehen beeinflusst HAARP uns Menschen sogar noch über den Tod hinaus.

Ob das so von den verantwortlichen Stellen auch geplant war, kann ich nicht mit Sicherheit sagen, zutrauen würde ich es ihnen aber ohne weiteres. Allerdings hört da der Spaß endgültig auf, denn auf diese Weise wird der natürliche und gewollte Reife- bzw. Evolutionsprozess jeder Seele derartig beeinflusst, dass letztlich die Seele keine Möglichkeit mehr hat, sich weiterzuentwickeln. Hier greift HAARP eindeutig in das „Ur-Programm" alles Seins ein und das muss unterbunden werden.

Und wie steht die heutige Kirche
zu alledem?

Ich möchte hier ganz bewusst nur auf die christliche Kirche (römisch katholisch/evangelisch) eingehen. Nicht, weil die vielen anderen Glaubensrichtungen weniger interessant oder gar falsch sind, sondern, weil die christliche Kirche in der heutigen Zeit sozusagen ein Monopol darstellt, an der sich die anderen Glaubensrichtungen messen und reiben. Wegen der Einfachheit werde ich sie im Folgenden dann auch nur „Kirche" nennen.

Es gibt wahrlich viele Gründe, die Kirche zu verdammen, war sie doch in der Vergangenheit für so viele Gräueltaten verantwortlich. Kaum eine Sünde wurde von ihr ausgelassen. Mord, Unrecht, Diebstahl, Intrigen, Unzucht und ... Die Liste ihrer Sünden ist lang und dennoch predigt sie heute Liebe und Enthaltsamkeit bzw. den Glauben über *Gut* und *Böse*.
Moralisch betrachtet, kann man diesem „Verein" keinen Glauben mehr schenken (siehe auch die neuesten Finanzenthüllungen).
Ist es jedoch auch erforderlich, sich aus geisteswissenschaftlicher Sicht von ihr zu distanzieren? Hat sie in diesem Bereich wirklich ständig Fehler gemacht? Oder hat sie einfach nur den Zeitgeist verpasst? Nun, ich tendiere zum Letzteren. Glaube aber auch, dass eine Kirche, so wie sie heute existiert, mit ihren unumstößlichen Dogmen und ihren verstaubten Ansichten, in der Zukunft keinen Platz mehr haben wird. Denn die Zeiten, in denen nur ein Bruchteil der Bevölkerung schreiben und lesen konnte, wo Erziehung und Bildung das Privileg höher Gestellter oder Geistlicher war und die Kirche die einzige Anlaufstelle für Fragen, Sorgen und Ängste war, sind längst vergangen. Spätestens ab dem Tag, als der Mensch seinen Fuß auf den Trabanten Mond setzte, war das

Bild vom Gott im Himmel, welcher auf die Menschen herunterblickt, mehr als verzerrt.

Der mittlerweile aufgeklärte, intelligente Mensch begann nach Alternativen zu suchen und verglich diese mit den Lehren der Kirche, was zur Folge hatte, dass ungewohnte Fragen an die Kirche herangetragen wurden. Fragen, welche die Kirche mit verstaubten Ansichten und verkrusteten Lehren, aber stets mahnend beantwortete. Kein Wunder also, dass der wahre Glaube in der Bevölkerung nach und nach versickerte. Kaum einer glaubt mehr an die Geschichte mit der Rippe von Adam, aus welcher Eva erschaffen wurde. Ja selbst die rührselige Geschichte vom Jesus Kindlein, welches in einem Stall zwischen Ochsen und Esel zur Welt kam, wird mehr oder weniger symbolisch aufgefasst. ,
Dennoch suchen die Menschen den Weg zu Gott, nur eben nicht mehr durch ständiges Beten, gehorsames Leben (wie es die Kirche lehrt) und verklärtem Geist, sondern mit Ernsthaftigkeit und dem innigen Wunsch, die Sinnhaftigkeit alles Seins zu begreifen.

Die Kirche hingegen klammert sich an alte Verhaltensmuster und zelebriert der Zeit nicht mehr angemessene Rituale. Und das, obwohl den Menschen mehr und mehr bewusst wird, dass die Kirche über Wissen verfügt, welches Aufschluss geben könnte, warum und zu welchem Zweck die Menschheit existiert.
War es vor noch nicht allzu langer Zeit eine notwendige Entscheidung, die Menschen nicht im vollen Umfang aufzuklären, da sie sonst halt- und ziellos geworden wären, dann ist heute, im Zeitalter der Hochtechnologie der Moment gekommen, wo die Kirche erkennen muss, dass sie die Menschen aus ihrer führenden Hand entlassen muss, um als beratende Funktion im Hintergrund weiter zu existieren.

Der moderne Mensch benötigt keine Gleichnisse und Geschichten von Himmel und Hölle mehr, um zu begreifen, dass sich hinter dem Wunderwerk Natur und Mensch ein genialer Geist verbirgt. Es genügt ihm auch nicht mehr, eine von der Kirche bevormundet Religion zu leben, die mehr Fragen als Antworten aufwirft.

Der heutige Zeitgeist integriert den Glauben genauso in das Leben, wie er Mathematik, Chemie, Astronomie oder Physik miteinbezogen hat, da er Glauben von Religion unabhängig macht. Daher erwarten die Menschen heute von ihrer Kirche, dass sie Religion so lebt und lehrt, wie es das Wort Religion, welches aus dem lateinischen hergeführt wird (religio) und so viel wie **gewissenhaftes, sorgfältiges Betrachten** bedeutet, auch hergibt. Für die Kirche bedeutet das jedoch Abbau ihrer Geheimhaltung und Dogmen, zugleich aber auch Öffnen und Teilen ihres über die Jahrhunderte hinweg angesammelten Wissens und ein sichtbares Wechseln vom gottgleichenden Status hin zur Lehranstalt für geisteswissenschaftliche Gebiete.

Wenn wir den Übersetzungen Sitchins Glauben schenken wollen, und das sollten wir, denn die Zeugnisse einer längst vergangenen Zivilisation sind nun einmal nicht von der Hand zu weisen, dann ist die Rasse Mensch, so wie sie heute existiert, durch genetische Eingriffe der Anunnaki entstanden.

Was sie wiederum nicht zu Göttern macht, sondern vielmehr ebenfalls zu Geschöpfen einer Ur-Essenz bzw. „Urzelle". Zwar weitaus intelligenter und fortgeschrittener als wir, aber eben nicht Gott.

So betrachtet liegt die Vermutung nahe, dass auch sie durch genetische Veränderungen von einer noch höher entwickelten Spezies geschaffen worden sind, letztlich aber selbst diese das Werk einer Genmanipulation sind.

Diese Kette könnte man schließlich bis zum Ursprung dieser – sagen wir mal – Kopien verfolgen, um dort auf die ursprüngliche Substanz (*Urzelle*) zu stoßen.

Daher sehe ich in der Entstehung des Menschen nicht die Vollendung der Schöpfung, sondern die Kopie der Kopie der Kopie ... der Ur-Essenz (*Urzelle*). Diese Ur-Essenz muss vor unendlich langer Zeit den Wunsch verspürt haben, sein Inneres nach Außen zu tragen, damit das nach Außengetragene selbst anfängt zu schaffen, zu kreieren, zu lernen und wiederum selbst zu kopieren.

Die Kirche lehrt uns den Weg zurück zu Gott. Ich hingegen bin der Ansicht, die ursprüngliche Absicht dieser Ur-Essenz (*Urzelle*) war und ist es auch heute noch, die Schaffung einer neuen Ur-Essenz, die dann, wie sie einst, auch ihr Inneres nach Außen trägt. Auf dieser Weise füllt sich das Universum mit immer neuem Wissen, Erkenntnissen und Erfahrungen bzw. bleibt dadurch ständig in Bewegung.

Zu Beginn dieses Kapitels habe ich angeführt, dass ich „meine Theorie" darlege. Ob und in welchem Umfang sie richtig ist, können wir nur erfahren, wenn wir gewillt sind, starre Lehren loszulassen und uns für neue, unserem jetzigen Zeitgeist angepassten Erkenntnissen und Möglichkeiten öffnen, denn Theorien haben nur so lange Bestand, bis sie eindeutig widerlegt werden. Die Kirche hat über Jahrhunderte hinweg eine Theorie vertreten, die meiner Meinung nach heute längstens widerlegt werden kann.
Oft höre ich, dass Logik und Geisteswissenschaft nicht zusammenpassen kann bzw. wenn man zu tief in die Logik eintaucht, Liebe und Sanftheit verkümmern. Ich kann jedoch aus meinen Erfahrungen sagen, dass wenn ich Verstand und Logik in Anspruch nehme, wesentlich umfangreicher und intensiver lieben kann, da diese Liebe aus mir selbst heraus,

meiner eigenen Erkenntnis entspringt. Denn erst wenn ich verstanden habe, kann ein tiefes Gefühl der Dankbarkeit aufkommen. Nur wenn ich begriffen habe, kann meine Ehrfurcht, mein Staunen, meine Liebe, mein Verständnis und meine Sanftheit auf fruchtbaren Boden fallen. Und wenn ich erst einmal erkannt habe, dass kein Wissenschaftler auf unserem Globus in der Lage ist, die Vielfalt der Natur, die Farbenprächtigkeit, die bis in die kleinste Zelle harmonisierende Konstruktion Mensch, ja selbst die chemischen Abläufe unserer Bodenerde auch nur annähernd zu kopieren, dann überkommt mich Ehrfurcht. Ehrfurcht vor einer Intelligenz (ich benötige für so ein großes Projekt nun mal Intelligenz), die mit unermesslicher Liebe Farben und Formen angepasst hat, mit einer unendlichen Geduld die Natur hat entstehen lassen und mit enormem Feingefühl das Wesen Mensch modulierte.

Es dieser Intelligenz gleich zu tun, ist dann auch erstrebenswert. Aber ich muss eine reale Chance sehen, irgendwann genauso zu werden wie diese Intelligenz, dieses Etwas, das mit dem höchsten Wissen ausgestattet und befähigt ist, bedingungslos zu lieben.

Es ist kein leichter Weg, aber ein Weg der uns Menschen alles bereit hält, was wir benötigen, um diesem Ziel näherzukommen.
Wichtig auf dieser Reise (der Kreislauf) ist, dass wir gewillt sind zu lernen, um letztlich zu verstehen und zu wissen. Und genau das muss die Kirche leben. Sie muss sich von der starren Schwarz-weiß- bzw. Gut-böse-Darstellung abwenden und sich mehr dem *Entwickeln durch Erfahren und Lernen* zuwenden. Sie sollte den Menschen Mut machen, ihnen erklären, dass **jede** Seele aufgrund des immer wiederkehrenden Kreislaufes letztlich das Ziel erreicht. Aber nicht durch Strafe bzw. Richterspruch, sondern durch Wiederholen und

Erkennen, denn die Urzelle ist wahrhaftig in der Lage *bedingungslos* zu lieben. Sie verlangt nicht nach Gehorsam, sondern lässt uns in Liebe erfahren und lernen.

Das zu vermitteln, ist die große, neue Aufgabe der Kirche.

Danksagung

Ein gelungenes Buch, für das sich viele Leser interessieren, wirft recht schnell die Frage nach dem Verfasser dieses Werkes auf. Er ist es dann auch, der die Lorbeeren erhält.

Oft jedoch wird dabei übersehen, dass zur Entstehung eines solchen Buches viele stille Helfer und Berater, Mutmacher und Mitstreiter gehören. Denn, wenn wir Autoren unsere Visionen und unser Wissen niederschreiben, befinden wir uns außerhalb des normalen Tagesablaufes. Wann immer es uns überkommt, beginnen wir zu schreiben, ohne festen Zeitrhythmus. In dieser Zeit kristallisieren sich dann auch die eigentlichen Mitstreiter und Unterstützer heraus.

Daher möchte ich auf diesem Weg dem Landwirtschaftsmeister Helmuth aus Deisendorf für seine Bemühungen danken, mir den Kreislauf der Natur näherzubringen. Sein Fachwissen war mir bei der Frage „Symbiose Mensch und Natur" eine große Hilfe.

Auch Namir aus Berlin, der mir mittlerweile schon wie ein Bruder ist, möchte ich für seine Geduld und fachliche Unterstützung danken.

Ebenso Richard, der im richtigen Moment meine Wege gekreuzt hat, gilt mein Dank.

Aber auch Madeleine aus Altendrüdingen, liebe Freundin und treue Skriptleserin, danke ich von ganzem Herzen.

Oder aber Marco aus Ulm, der unbefangen und mit großem Interesse meine Skripte gelesen hatte. Mir aber auch wichtige Informationen gab, wie der Leser das Eine oder Andere auffassen könnte.

Weiterhin geht ein Danke an all die vielen Informanten, Zeitzeugen und Betroffenen, die hier namentlich nicht benannt werden möchten.

Ohne ihre mutige Unterstützung hätte ich so manche Fallstricke übersehen bzw. niemals die richtige Türe gefunden.

Mein besonderer Dank gilt jener Person, welche mich all die Jahre hindurch begleitet, unterstützt und ermutigt hat. Die zu keiner Zeit an meinen Fähigkeiten und Visionen zweifelte, sondern immer dann zur Stelle war, wenn ich nicht weiter wusste. Die mit mir so manchen steilen Berg erklommen und dabei meine Last geteilt hat. Die bis zu ihrem letzten Atemzug meine tapferste Mitstreiterin war.

Meine treue und niemals in Vergessenheit geratende Lebensgefährtin Silvia.

Ja, und dann ist da noch ein heller Stern, der wie aus dem Nichts nach dem Tod von Silvia in mein Leben trat und mich komplett in Liebe getaucht hat. Auch dir, liebste Cosima, gilt mein Dank. Dein Können und Fachwissen auf dem Gebiet Gestaltung und Präsentation gab diesem Buch, hauptsächlich dem Cover, den letzten Schliff. Aber auch deine unermüdlichen Bemühungen mir Nahe zu bringen, meinen ganz eigenen Stil nicht zu vernachlässigen, gibt diesem Buch letztlich eine ganz persönliche Note.

Nicht zu vergessen ist mein Verlag, welcher sehr darum bemüht war, meine ganz speziellen Wünsche so gut wie möglich zu erfüllen, um dann Hand in Hand mit mir das Buch auf den Markt zu bringen.

Literatur und weiterführende Werke

Es liegt in der Natur des Geistes, dass nicht alle Publikationen Gehör finden bzw. die Meinung der Leser teilen.

Auch ich stehe dem einen oder anderem Werk eher kritisch gegenüber, dennoch bin ich der Meinung, in jedem Buch steckt mehr oder weniger Wissen und Wahrheit. Daher bin ich bei meiner Auswahl der weiterführenden Werke mit Bedacht und stets mit dem Wunsch beseelt vorgegangen, Ihnen als Leser Wissenswertes zu empfehlen.

A

Abel, E.L. Die geheimnisvollen Kräfte des Mondes

B

Bearden. Lt. Cd. Tom (US Army, a.D.J) Maxwells Original Quanternion Theory was an Unified Field Theory of Electromagnetics and Gravitation.

Bild Zeitung 1990, Atomphysiker filmte Ufos

Bild Zeitung 1990, Die größten Geheimnisse dieser Welt

Bild Zeitung, Atombombentests

Bild Zeitung, Atombombenexplosion

F

Farkas, Victor, Jenseits der Vorstellung

Farrell, Joseph, Dr., Die Bruderschaft der Glocke

Farrell, Joseph, Dr., Todesstern Gizeh.

FAZ 1989, Ufo-Landung mit riesigen Außerirdischen

FAZ 1989, Glauben sie TASS nicht alles

FAZ 1989, Ufo-Forscher reden über Außerirdische

K

Keit, Jim, Bewusstseinskontrolle

M

Mecklenburg, Ernst, Jenseits der Ewigkeit

O

Obama, Barack, Ein amerikanischer Traum

P

Patriol Report P.O. Box 122

R

Ramsey, Clark, Wüstensturm 1993

Re´tyi, Andreas, Streng geheim

S

Sitchin, Zechariah, Prof. Dr., Der kosmische Code

Sitchin, Zechariah, Prof. Dr., Das Buch Enki

Spiegel, Nr. 39/1993, Schlingernde Kreise

Spiegel, 1978 Ausgabe 38

Spiegel, 1989

Spiegel vom 10.04.68, Fliegende Untertassen

Spiegel 1977, Ufos

Spiegel 1978, So wurde die Weltöffentlichkeit getäuscht

Spiegel 1987, Ufos stark verwest

T

Tagesanzeiger 11.12.1993, Gegen Wissenschaftsjargon

Tesla, Nikola, Seine Werke

W

Die Welt 2.11.50, Meinung gegen Meinung

Die Welt 30.10.50, Die vergebliche Jagd

Z

Die Zeit, 5.11.1993, Gespenstisch fixe Wellen

Die Zeit, 1979, Sind wir allein im Kosmos